ESO 1

Literatura

LENGUA CASTELLANA Y LITERATURA

AUTORAS

Asociación Española de Comprensión Lectora

Raquel Benítez Burraco
María Isabel de Vicente-Yagüe Jara
Elena Jiménez Pérez
Carmen Sánchez Morillas

FLIPPED CLASSROOM

The Flipped Classroom SL
Raúl Santiago Campión (coordinador)

PROYECTO PBL

Tatiana Poyato Ramírez

EMPRENDIMIENTO

César García-Rincón de Castro
Jerónimo García Ugarte

El 0,7 % de la venta de este libro se destina a proyectos
de desarrollo de la ONGD SED (www.sed-ongd.org).

ASÍ ES ESTE LIBRO

PARA EMPEZAR

Se proponen algunas reflexiones sobre la literatura, acompañadas de actividades, antes de comenzar el estudio de los contenidos de cada unidad.

PRESENTACIÓN DE LA UNIDAD

En cada unidad se parte de una imagen sugerente y de distintas cuestiones que invitan a la reflexión y al diálogo sobre experiencias, conocimientos, opiniones...

El trabajo con la destreza de escuchar se inicia en estas páginas a partir de un audio o un vídeo.

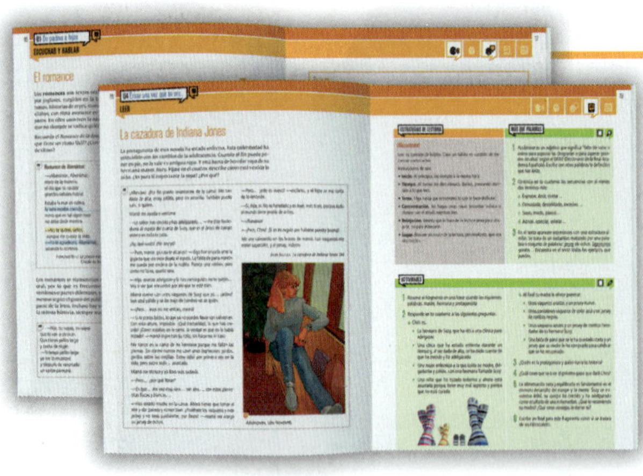

ESCUCHAR, HABLAR, LEER

La práctica de las destrezas orales se plantea con el análisis y la producción de un tipo de texto concreto.

En el bloque de *Leer*, la comprensión lectora se aborda a través de actividades al estilo de PISA, junto con otras de léxico y vocabulario. Además, se incluyen siempre algunas estrategias de lectura.

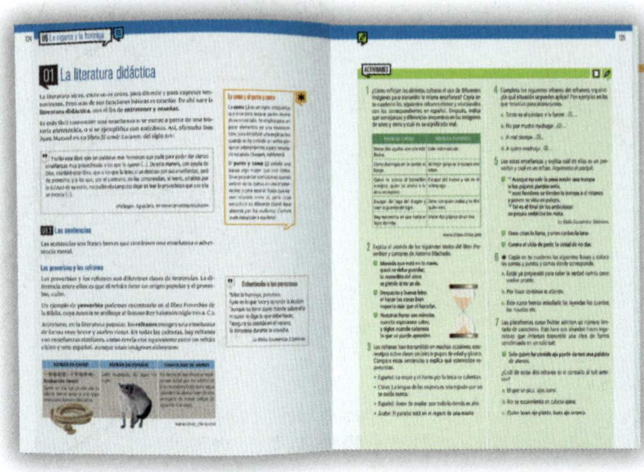

CONTENIDOS Y ACTIVIDADES

Los contenidos del bloque de *Educación literaria* se presenta de forma visual y apoyados siempre con ejemplos y textos que permiten aplicar lo aprendido.

Se incluyen indicaciones y actividades de ortografía.

ESCRIBIR

Para concluir las propuestas de trabajo de la unidad, y a modo de aplicación de todo lo aprendido, la sección *Escribir* plantea la tarea de la creación literaria a partir de modelos y de relaciones con otras artes y recursos.

EVALUACIÓN

Todas las unidades concluyen con una propuesta de evaluación dividida en dos partes: la primera, a partir de un texto; y la segunda, con actividades diversas, incluyendo siempre el desarrollo de un mapa conceptual que sintetiza los contenidos principales.

El *Diario de aprendizaje* invita al alumno a reflexionar sobre su proceso de aprendizaje.

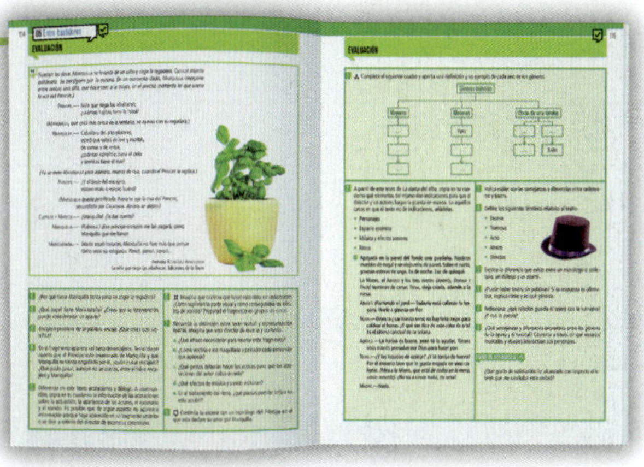

#SOMOSLINK CON LA INNOVACIÓN Y #SOMOSLINK CON PISA

Se incluyen propuestas de *flipped classroom,* PBL y evaluación del talento emprendedor.

También se ofrece un modelo de prueba PISA como orientación para la evaluación final de Educación Secundaria.

ANEXOS

El libro se completa con estos anexos:

- Animación a la lectura
- Tipos de estrofas
- Figuras literarias

PARA EMPEZAR

01 ¿Qué es literatura?

Un texto literario está centrado en la forma del mensaje (se aplican recursos literarios) con la intencionalidad de llamar la atención del lector.

Su **intención** es, por un lado, crear expresiones que se alejan del habla o escritura normal, generando un mundo con significado completo, real o imaginario. Por otro, quiere evocar en el receptor un sentimiento, contar una historia o transmitir una enseñanza.

Ámbito

La literatura pertenece al ámbito personal, aunque también encontramos literatura en lugares públicos y forma parte de nuestras vidas en forma de canciones, obras de teatro…

Emisor

El emisor de un texto literario puede ser un autor conocido o bien, si la literatura es popular, puede ser un emisor anónimo o, incluso, un grupo.

Contexto

Para entender una obra literaria, es conveniente conocer el contexto en que se escribió y, sobre todo, entender lo que su autor quiso transmitir con ella.

Receptor

No todos los lectores leen de igual forma un mismo texto literario. El receptor debe añadir sus conocimientos, experiencias e ideas para descubrir y construir el significado de su mensaje. Incluso cuando hay receptores múltiples la interpretación que se hace de la literatura es personal.

Código

En literatura el código que se utiliza principalmente es el verbal, tanto oral como escrito, pues esta es un producto lingüístico. Eso no impide que la disposición visual también apoye el sentido que se quiere transmitir, o que la música destaque en la literatura cantada.

Medio o canal

El medio de transmisión de la literatura puede ser muy variado a pesar de que, normalmente, asociamos literatura con libro, aunque sea literatura oral (ya que se recopila y difunde por escrito). En la actualidad, la literatura está cambiando al ritmo que marcan las TIC.

ACTIVIDADES

1 ¿Cómo identificamos que un texto es literario? Comienza estableciendo tres diferencias entre estos textos. ¿Cuáles son literarios? ¿Por qué lo sabes?

El hotel

Se encuentra ubicado en la tranquila calle Nueva de Pamplona, en el centro histórico y comercial, a escasos metros del Ayuntamiento, la plaza del Castillo y la calle de la Estafeta, lugares emblemáticos de la ciudad y que alcanzan un reconocimiento internacional en las famosas fiestas de San Fermín.

Se untan las rebanadas de pan de molde ligeramente con mantequilla, poniendo después una capa más bien espesa de la masa. Se cortan las cortezas del borde y se dividen en dos triángulos. Cuando se vayan a servir se fríen en aceite caliente, poniendo la cara del pan untado en contacto con el aceite. Se sirven calientes.

XLII

¿Dices que nada se pierde?
Si esta copa de cristal
se me rompe, nunca en ella
beberé, nunca jamás.

Los burros varían considerablemente de tamaño. La mayoría de los burros domésticos tienen una talla que oscila entre 0,9 y 1,4 m hasta la cruz, aunque hay variedades mayores como las razas andaluza-cordobesa y zamorano-leonesa que puede superar los 1,6 m o el burro catalán que llega a los 1,65 m. La coloración y longitud de su pelo también es muy variable. Su color más habitual es el gris en todos sus tonos, llegando hasta el blanco y el negro, y también son habituales las tonalidades pardas [...]. Los burros tienen un sistema digestivo resistente, menos propenso a los cólicos que los caballos, lo que les permite consumir mayor diversidad de plantas y extraer agua del alimento de forma muy eficiente.

La heroica ciudad dormía la siesta. [...] Vetusta, la muy noble y leal ciudad, corte en lejano siglo, hacía la digestión del cocido y de la olla podrida, y descansaba oyendo entre sueños el monótono y familiar zumbido de la campana de coro, que retumbaba allá en lo alto de la esbelta torre en la Santa Basílica.

Platero es pequeño, peludo, suave; tan blando por fuera, que se diría todo de algodón, que no lleva huesos. Solo los espejos de azabache de sus ojos son duros cual dos escarabajos de cristal negro.

Lo dejo suelto, y se va al prado, y acaricia tibiamente con su hocico, rozándolas apenas, las florecillas rosas, celestes y gualdas... Lo llamo dulcemente: «¿Platero?», y viene a mí con un trotecillo alegre que parece que se ríe en no sé qué cascabeleo ideal...

Come cuanto le doy. Le gustan las naranjas mandarinas, las uvas moscateles, todas de ámbar; los higos morados, con su cristalina gotita de miel...

Es tierno y mimoso igual que un niño, que una niña...; pero fuerte y seco por dentro, como de piedra.

Artículo 7. Horario.

1. El horario lectivo semanal de cada uno de los cursos de la educación primaria será de veinticinco horas, incluyéndose en este cómputo dos horas y media destinadas al recreo.
2. El horario lectivo mínimo que obligatoriamente deben dedicar todos los centros docentes para el desarrollo de cada una de las áreas de la etapa se establece, por ciclos, en el Anexo II de la presente Orden.

ACTIVIDADES

Los temas y los estilos artísticos

1 La literatura, como todas las artes, provoca sentimientos y sensaciones. Comenta las sensaciones que te transmiten las siguientes obras y compara los medios artísticos utilizados para conseguir su objetivo.

Escena de la película *Bichos, una aventura en miniatura.*

Ramas de almendro en flor, de Vincent van Gogh.

La primavera, de Vivaldi. Accede al canal YouTube y busca «Vivaldi, primavera, allegro», publicado por Maga terrenal.

La primavera besaba
suavemente la arboleda,
y el verde nuevo brotaba
como una verde humareda.

Las nubes iban pasando
sobre el campo juvenil...
Yo vi en las hojas temblando
las frescas lluvias de abril.

Antonio Machado: *Obras Completas*. Espasa

Los personajes y las artes

2 Fíjate en cómo un personaje y su mundo cobran vida a través de la literatura, creando también unos rasgos que se hacen fácilmente identificables. Crean mundos diferentes en distintos ámbitos artísticos a partir del personaje. Después, busca en Internet otros personajes universales que hayan evolucionado a lo largo de la historia en diferentes artes.

Grabado del siglo XIX realizado por Gustave Doré del libro *Caperucita Roja*, de Charles Perrault.

Escena de la película de animación *La increíble pero cierta historia de Caperucita Roja* (2006).

Escena de la película *Caperucita Roja. ¿A quién tienes miedo?* (2011).

La literatura y su reflejo en la actualidad

3 Lee los siguientes textos y relaciónalos con la obra artística que corresponda.

1

—Rapunzel, Rapunzel, tírame tu cabellera a mí.

Entonces Rapunzel bajó las trenzas de su cabello, y la hechicera subió hasta ella.

—Si esa es la escalera por la que uno sube, probaré por esta vez mi fortuna —dijo él.

Y al siguiente día, cuando empezaba a oscurecer, él fue a la torre y gritó:

—Rapunzel, Rapunzel, tírame tu cabellera a mí.

Inmediatamente la cabellera bajó y el hijo del rey subió.

Hermanos GRIMM: *Rapunzel*. La Galera

A

2

—Poco es lo que entiendo en él —confesé.

—Resulta evidente que hay dos hombres, acaso más, pero dos por lo menos, que por alguna razón están decididos a echarle mano a ese Blessington. No me cabe la menor duda de que, tanto en la primera como en la segunda ocasión, aquel joven penetró en el dormitorio de Blessington, mientras su compinche, valiéndose de un truco ingenioso, impedía toda interferencia por parte del doctor.

—¿Y la catalepsia?

—Una imitación fraudulenta, Watson, aunque no me atrevería a insinuarle tal cosa a nuestro especialista. Es una dolencia muy fácil de imitar. Yo mismo lo he hecho.

Arthur CONAN DOYLE: *El paciente interno*
www.ciudadseva.com

B

C

D

3

Soneto XIII

A Dafne ya los brazos le crecían,
y en luengos ramos vueltos se mostraba;
en verdes hojas vi que se tornaban
los cabellos que el oro escurecían.
De áspera corteza se cubrían
los tiernos miembros, que aún bullendo estaban:
los blancos pies en tierra se hincaban,
y en torcidas raíces se volvían.

Garcilaso de la Vega
Sonetos. Linkgua

4

Mujer llorando

Se puede llorar piedras.
Lágrimas como gotas de piedra.
Dientes que caen de los ojos
igual que si los ojos llorasen
dentaduras de piedra.
Nunca el dolor lloró tan gran dolor
lanzando goterones de piedra,
dientes y muelas de dolor de piedra.

Rafael ALBERTI
http://servicios.diariosur.es

02 Pautas para crear un texto literario

Para escribir un texto literario, tienes que elegir entre las múltiples posibilidades que te ofrece el mundo de la literatura. Dependiendo de la combinación de tus elecciones te acercarás a modelos que a lo largo de la historia han sido usados por grandes escritores. Para ello, ten en cuenta estos aspectos:

Intención

¿Qué quieres transmitir?

Tus intenciones también marcarán el tipo de escritura: ¿quiero entretener, enseñar, emocionar? Según qué se quiere transmitir con ella, la literatura se divide en tres grandes géneros:

- **Narrativo** (muestra las acciones de los personajes).
- **Lírico** (expresa emociones).
- **Dramático** (la historia se plasma en el diálogo entre personajes).

Tema

¿Cuál será el tema?

Hay temas universales que la literatura, al igual que diferentes expresiones artísticas como la pintura o la música, desarrolla a lo largo de sus creaciones:

- El amor.
- La amistad.
- La naturaleza.
- La muerte…

Espacio y tiempo

¿Dónde y cuándo transcurrirá la historia o se situará la voz del que habla?

Tendrás que situarte en un escenario, es decir, un espacio y un tiempo que no tienen por qué ser reales ni realistas.

- **Espacio**: real (urbano, rural…) o no real (basado en la realidad o totalmente fantástico).
- **Tiempo**: pasado, presente o futuro.

Personajes

¿Quiénes son tus personajes?

Todo depende de qué quieras transmitir y de la complejidad de la historia ideada. Piensa en los personajes como si estuvieran vivos, y piensa que tú también puedes ser un personaje. Para ello, elige a tus personajes:

- **Número:** uno o varios personajes.
- Cuáles serán los **principales** y cuáles los **secundarios**.
- Qué **papel** tendrá cada uno de ellos: protagonista, antagonista...

Narrador

¿Quién lo cuenta?

Si quieres contar una historia, la persona que la relata es el narrador. Existen tres maneras de contar algo:

- **En primera persona.** Cuando el narrador narra algo que le pasa a él como protagonista o personaje secundario, y del mismo modo se utiliza normalmente en los textos que expresan sentimientos.
- **En tercera persona.** Cuando el narrador no participa en la historia o es un testigo.
- **Sin narrador**. Es posible omitir el narrador, por ejemplo en las escenas dialogadas del teatro.

Lenguaje

¿Registro culto, familiar o coloquial?, ¿prosa o verso?

Recuerda: en literatura basta con crear mundos y evocar, no es necesario alejarse mucho del lenguaje cotidiano. Pero si quieres llamar la atención sobre la forma, juega con las palabras, rima, compara…

- Normalmente, se elige **prosa** para contar una historia o mostrar una escena dialogada. Por ejemplo, en novelas, relatos, cuentos, obras de teatro…
- El **verso** habitualmente se utiliza para expresar los sentimientos y provocar emociones… Por ejemplo, en poesía, canciones…

Pero no tiene por qué ser así: a veces se narra en verso y otras se muestran sentimientos en prosa. Además, a veces se combinan prosa y verso, como en el caso de los cuentos que tienen una enseñanza en verso al final.

ACTIVIDADES

1 Los autores de estos libros han tomado decisiones acerca de sus intenciones, el tema tratado, el espacio, el tiempo, los personajes, el narrador y el lenguaje utilizado. Intenta deducir cuáles han sido esas decisiones leyendo los siguientes textos.

La Asociación

En un mundo infestado de vampiros, troles y toda clase de monstruos, es necesaria una organización que vele por la seguridad de los humanos y por la discreción de los seres fantásticos. Y con la carga de trabajo que hay en La Asociación, también hacen falta becarios.

Jasper y Ombe son dos agentes en prácticas de este grupo ultrasecreto. Tendrán que demostrar sus capacidades derrotando demonios y conjurando, con sus poderes especiales, los peligros que siembran las extrañas criaturas que acechan a la humanidad.

La magia de Jasper y la fuerza sobrenatural de Ombe son la mejor garantía de una convivencia pacífica con los seres anómalos y de una lectura llena de acción y buen humor.

El pan de la guerra

Parvana es una chica de once años que vive con su familia en Kabul, la capital de Afganistán, durante la época del gobierno talibán. Cuando su padre es detenido, su familia —sin recursos para poder vivir—, buscará una solución desesperada: Parvana, que por ser mujer tiene prohibido ganar dinero, deberá transformarse en un chico. *El pan de la guerra* es un libro duro y realista que habla, con humanidad y fuerza, de la supervivencia, la familia, la amistad, la intolerancia y la guerra.

2 Copia y completa la siguiente tabla en tu cuaderno, eligiendo las pautas que se pueden tomar para crear un texto.

Intención	Tema	Espacio y tiempo	Personajes	Narrador	Lenguaje	Resultado
Expresar un sentimiento.			El poeta.			Canción.
Contar una historia.				Tercera persona		Novela o cuento de terror.
	Situaciones graciosas que terminan bien.		Protagonistas: un ladrón muy torpe y una niña rica. Secundarios: la madre del ladrón y el hermano de la chica.		En prosa, dialogado.	

03 Competencia lectora

Puedes evaluar tu competencia lectora cada vez que leas un texto literario con la siguiente rúbrica que te proponemos. Intenta ser objetivo.

OBJETIVOS	4	3	2	1
Concentración	Con una sola lectura he captado lo que quiere decir el texto.	He necesitado releer algunas partes para captar lo que quiere decir el texto.	He necesitado dos lecturas para captar lo que quiere decir el texto.	He necesitado más de dos lecturas para captar lo que quiere decir el texto.
Comprensión global	Encuentro sentido a lo que he leído.	Encuentro sentido a lo que he leído, salvo por una duda.	He captado en general el significado, pero hay matices que no he comprendido.	He captado en general el significado, pero he necesitado ayuda.
Reconstrucción del significado	Puedo expresar lo leído por completo con mis propias palabras.	Puedo expresar lo leído sin ayuda del profesor, aunque después me corrige algún error.	Puedo expresar lo leído utilizando palabras familiares y con ayuda del diccionario.	Puedo expresar lo leído solo usando el diccionario y con ayuda del profesor.
Memorización de nuevos conceptos	Tengo capacidad para retener de memoria los conceptos nuevos o más importantes.	Tengo capacidad para retener de memoria casi todos los conceptos nuevos o más importantes.	Tengo capacidad para retener de memoria los conceptos nuevos o más importantes realizando una lectura rápida de nuevo.	Tengo capacidad para retener de memoria los conceptos nuevos o más importantes apuntándolos en la libreta.
Deducción de significados	He encontrado un término nuevo y he comprendido su significado por el contexto.	He encontrado un término nuevo y he comprendido aproximadamente su significado por el contexto.	He encontrado un término nuevo y he comprendido su significado con alguna ayuda del profesor.	He encontrado un término nuevo y he comprendido su significado con alguna ayuda del diccionario.
Síntesis de la lectura	Soy capaz de sintetizar el texto en una sola frase.	Soy capaz de sintetizar el texto en una frase de 3 líneas aproximadamente, sin ayuda del profesor.	Soy capaz de sintetizar el texto en una frase de más de 3 líneas con ayuda del profesor.	Soy capaz de sintetizar el texto en un párrafo con ayuda del profesor.

04 Competencia escrita

Puedes evaluar tu competencia escrita cada vez que compongas un texto literario con la siguiente rúbrica que te proponemos. Evalúate con sinceridad.

OBJETIVOS	4	3	2	1
Obtención de datos	Me he documentado para elaborar mi texto utilizando distintas fuentes.	Me he documentado para elaborar la mayor parte de mi texto utilizando distintas fuentes.	Me he documentado para elaborar algunas partes mi texto utilizando distintas fuentes.	No me he documentado para elaborar mi texto.
Organización de la información y técnicas de planificación	He realizado esquemas y he redactado borradores en una primera fase de escritura.	He realizado esquemas, pero no he redactado borradores en una primera fase de escritura.	Solo he realizado esquemas de algunas partes del texto y no he redactado borradores en una primera fase de escritura.	No he realizado esquemas, ni he redactado borradores en una primera fase de escritura.
Redacción: coherencia y cohesión	He organizado las ideas con claridad y he empleado conectores textuales.	He organizado casi todas las ideas con claridad y he empleado conectores textuales.	Solo algunas veces he organizado las ideas con claridad y he empleado conectores textuales.	No he organizado las ideas con claridad, ni he empleado conectores textuales.
Estilo e intención comunicativa	El estilo que he utilizado se adecúa a la intención comunicativa del tipo y ámbito de uso del escrito.	El estilo que he utilizado se adecúa casi siempre a la intención comunicativa del tipo y ámbito de uso del escrito.	El estilo que he utilizado se adecúa solo algunas veces a la intención comunicativa del tipo y ámbito de uso del escrito.	El estilo que he utilizado no se adecúa a la intención comunicativa del tipo y ámbito de uso del escrito.
Corrección ortográfica	No he cometido ningún error ortográfico.	He cometido menos de tres errores ortográficos.	He cometido entre tres y siete errores ortográficos.	He cometido más de siete errores ortográficos.
Revisión y reescritura	He revisado y reescrito tanto el contenido como la forma del texto en varios momentos.	He revisado y reescrito algunos aspectos de contenido o forma a lo largo del proceso de escritura.	He revisado y reescrito el contenido y la forma del texto solo al final del proceso de escritura.	No he revisado ni reescrito el contenido o la forma del texto.

01 De padres a hijos

Por la información que me dan estas páginas, ¿qué contenidos preveo que voy a estudiar?

1 ¿Qué recuerdas de las historias, canciones o cuentos que te contaron de pequeño?

2 ¿Quiénes dirías que son los «contadores de historias» del siglo XXI?

3 ¿Te interesa estudiar las manifestaciones artísticas de épocas pasadas? ¿Por qué?

Accede a YouTube y busca «Romance de la doncella guerrera», cantado por Jorge Bayón, y responde a estas preguntas:

1 ¿Cuántas hijas tenía el sevillano?

2 ¿Quién fue la que se metió a soldado?

3 ¿Qué hace el rey cuando ve a la mujer soldado?

4 ¿Qué le pasaba a Don Marcos? ¿Por qué lloraba?

El romance

Los **romances** son textos orales en verso, tradicionalmente cantados por juglares, surgidos en la Edad Media y que contaban, entre otros temas, historias de reyes, moros y cristianos. Constan de versos de ocho sílabas, con rima asonante en los versos pares, dejando sueltos los impares. En ellos conviven la narración, la descripción y el diálogo, aunque no siempre se indica quién habla en cada caso.

Recuerda el *Romance de la doncella guerrera* e intenta tararearlo. ¿Crees que tiene un ritmo fácil? ¿Con qué fin presentan los romances este tipo de ritmo?

La rima

La **rima** es la repetición de sonidos en varios versos a partir de la última vocal acentuada. Esta puede ser:

- **Asonante.** Se repiten solo las vocales. Crec*ida* - ment*ira*.
- **Consonante.** Se repiten tanto las vocales como las consonantes. Red*onda*-or*onda*.

Romance de Abenámar

—¡Abenámar, Abenámar, 8-
moro de la morería, 8a
el día que tú naciste 8-
grandes señales había! 8a

Estaba la mar en calma, 8-
la luna estaba crecida; 8a
moro que en tal signo nace 8-
no debe decir mentira. 8a

—No te la diré, señor, 8-
aunque me cueste la vida. 8a
—Yo te agradezco, Abenámar, 8-
aquesta tu cortesía. 8a

La poesía española
Círculo de lectores

Reglas para medir los versos

Debes contar las sílabas y mirar si el verso termina en una palabra:

- **Esdrújula:** se cuenta una sílaba menos.
- **Aguda o monosílaba:** se cuenta una sílaba más.

No	te	la	di	ré	se	ñor
1	2	3	4	5	6	7 + 1 = 8

Sinalefa. Si la última sílaba de una palabra del verso acaba en vocal o *-y*, y la primera sílaba de la siguiente palabra comienza por vocal, *h-*, o la conjunción *y*, se produce una **sinalefa**, es decir, ambas sílabas se cuentan como si fuera una sola.

la	lu	na es	ta	ba	cre	ci	da
1	2	3	4	5	6	7	8

Yo	te a	gra	dez	co, A	be	ná	mar
1	2	3	4	5	6	7	8

Los romances se transmitían de generación en generación de manera oral, por lo que es frecuente que un mismo romance tenga varias versiones o partes diferentes, ya que se iban modificando algunos fragmentos según el gusto del público o porque en algunos casos se olvidaba parte de la letra. Incluso hay versiones completas y otras recortadas de la misma historia, siempre manteniendo las ideas principales.

—Hija, no vayas, no vayas
que te van a conocer.
Que tienes pelito largo
y carita de mujer.
—Si tengo pelito largo
ya me lo recortaré
y después de recortado
un varón pareceré.

Y su madre le decía:
—Chiquilla, ¿qué vas a hacer?
Tienes el pelo muy largo
y carita de mujer.
—Madre, si lo tengo largo
ya me lo recortaré,
y con el pelo cortado
un varón pareceré.

Tu turno

1 Lee el *Romance del conde Olinos* y distingue las partes en las que hay narración y diálogo, e indica quién habla en cada una de las intervenciones.

Caminaba el conde Olinos
mañanita de San Juan,
a dar agua a su caballo
a las orillas del mar.
Mientras su caballo bebe
canta un hermoso cantar.
Desde la almena más alta
la reina lo oyó cantar.
—Mira, hija, cómo canta
la sirena de la mar.
—No es la sirenita, madre,
que ella tiene otro cantar.
Es la voz del conde Olinos
que por mí gimiendo está.
—Si es la voz del conde Olinos
yo le mandaré matar,
que para casar contigo
le falta sangre real.
Guardias mandaba la reina
al conde Olinos matar.
Él murió a la medianoche,
ella a los gallos cantar.

2 Crea con tu compañero una variante del *Romance de la doncella guerrera* a partir del fragmento en que la hija le dice a la madre que se cortará el pelo. ¿Qué habría pasado si no la hubieran descubierto? ¿Cómo habría sido su futuro en la guerra?

a. Escoge con tu compañero una de las dos versiones anteriores e intentad continuar el diálogo entre la madre y la hija.

b. Pensad en quién de los dos hará el papel de madre y quién de hija, quién continuará la conversación y qué otros personajes incluiréis.

c. Recordad que debéis alternar la narración y el diálogo. También podéis incluir fragmentos en que se describa a alguno de los personajes, su apariencia, un objeto...

d. Añadid versos de ocho sílabas que rimen con esquema asonante en los pares, dejando sueltos los impares.

e. Ahora, introducid un elemento de humor: rimad palabras que no tengan nada que ver o bien utilizad realidades sin ninguna relación.

f. Memorizadlo y recitádselo a vuestros compañeros.

AUTOEVALUACIÓN

Comprueba que tu compañero y tú habéis realizado correctamente la actividad anterior contestando a las siguientes preguntas.

- ¿La rima y la métrica eran las correctas?
- ¿Además del diálogo, hay algún fragmento que contenga narración y descripción? ¿Lo habéis entrelazado bien?
- ¿Habéis introducido el elemento humorístico de manera coherente dentro de la historia?
- ¿Tiene final vuestra historia? ¿Se comprenden todas las partes o hay algún elemento incoherente?
- ¿Habéis recordado todo el romance?, ¿lo habéis recitado de manera calmada?

LEER

Orfeo y Eurídice

Observa esta pintura sobre el famoso mito que vas a leer. ¿A qué cultura o tradición crees que pertenece?, ¿por qué?

Orfeo, hijo de Eagro, rey de Tracia, y de la musa Calíope, fue el músico y poeta más grande de todos los tiempos. Al sonido de su lira, la naturaleza entera se conmovía. [...]

Lo adoraban las ninfas de los bosques no solo por el encanto de sus canciones, sino también por su bondad. Entre todas ellas, Orfeo eligió a la bella Eurídice como esposa y la llevó a vivir con él a su palacio. [...]

Un día que Eurídice deambulaba por las orillas de un río, se dio cuenta de que la seguía un hombre.

[...] Buena conocedora de aquellos parajes, corría Eurídice velozmente mientras los pasos del hombre se hacían más y más distantes, hasta que dejaron de oírse. Aminoró la ninfa, aún agitada por la carrera, su marcha, pero el azar quiso que pisara una serpiente escondida entre la maleza. El reptil se enroscó en su tobillo y clavó sus afilados dientes en el talón de la muchacha.

Llegó la noche y la ninfa no regresaba al palacio. Orfeo, preocupado por tan inusual tardanza, mandó a buscarla. Al clarear el día, la encontraron muerta sobre la hierba cubierta de escarcha.

Orfeo estaba inconsolable.

[...] Tan desesperado se encontraba que una idea descabellada le hizo revivir y fue a comunicársela a su padre.

—Iré al reino de los muertos a rescatar a Eurídice, padre. Solo así podré seguir viviendo.

Su padre quiso hacerle desistir de tan disparatado propósito, pero no le fue posible.

Orfeo consiguió llegar al Hades y enseguida empezó a tocar su lira. Puso tanto amor y tanto empeño en ello que las notas que salían de las cuerdas conmovieron e iluminaron el mundo subterráneo, perpetuamente sumido en la oscuridad. Las sombras de los muertos se asomaban cautelosas para escucharlo, y entre ellas, los reyes de los Infiernos, Hades y Perséfone, también sobrecogidos por la música, salieron a recibirlo.

Orfeo les suplicó que dejaran a su amada Eurídice volver con él al mundo de los vivos. Hades al fin consintió, pero poniendo una condición.

—Eurídice te seguirá, pero si te vuelves para mirarla antes de haber llegado a la luz, se desvanecerá.

De entre las tinieblas surgió Eurídice y se inundó de alegría el rostro de Orfeo, que corrió a abrazarla.

Se apresuraron a salir del inhóspito lugar. Orfeo iba delante, a muy pocos pasos le seguía Eurídice. Caminaron uno tras otro durante un largo trecho, y en el tramo final, cuando ya se vislumbraba la claridad del sol y estaban a pocos metros de la salida, Orfeo se volvió impulsivamente a mirar a Eurídice y, al instante, como una ligera nube de humo, la vio desvanecerse y desaparecer para siempre.

Remedios Higueras
Mitos clásicos. Edelvives

ESTRATEGIAS DE LECTURA

¡Motívate!

Estar motivado te ayudará a disfrutar de la lectura y a entenderla con más facilidad porque hará que te concentres sin pensarlo. Solo tú sabes lo que te motiva, lo que más te gusta, lo que te atrae. En la lectura también puedes encontrarlo.

- Elige temas de tu interés.
- Imagina las situaciones cuando lees.
- Visualiza los detalles.
- Ponte en el lugar de los personajes.
- No existe texto en el mundo que no puedas usar para investigar, ¡curiosea!
- Que nada te distraiga mientras lees, crea tu mundo.
- Haz un grupo de amigos para comentar las lecturas, eso os ayudará a divertiros leyendo.
- Los mejores escritores siempre son los mejores lectores.

MÁS QUE PALABRAS

1 En esta narración, aparece una palabra polisémica, es decir, con varios significados: *Hades*. Deduce el significado que falta y luego consúltalo en un diccionario enciclopédico. Anótalo en tu cuaderno.

- Hades: 1. 'Rey/Dios del Infierno'.
  2. ..... (por extensión *mundo* / por extensión *infierno* / por extensión *reino*).

2 Relaciona en tu cuaderno los siguientes términos con sus correspondientes definiciones.

a. Infierno	• Instrumento de cuerda.
b. Desvanecerse	• Reino de los muertos.
c. Lira	• Disminuir el ritmo al desplazarse.
d. Perpetuo	• Eterno.
e. Aminorar	• Desaparecer en el aire.

ACTIVIDADES

1 Escoge la opción correcta y justifica en tu cuaderno tu elección.

- ¿De qué tema trata este mito?
  - **a.** De la historia.
  - **b.** Del amor.
  - **c.** De la muerte.
  - **d.** De la naturaleza.
- Eurídice es:
  - **a.** Una musa de la naturaleza que cantaba al rey Eagro.
  - **b.** Una hermosa ninfa que enamoró a Orfeo.
  - **c.** La esposa del rey de Tracia, que murió mordida por una serpiente venenosa.
  - **d.** Una ninfa que al morir fue al inframundo y acabó desvaneciéndose por culpa de la luz.
- ¿Cómo se sentía Orfeo sin Eurídice?
  - **a.** Feliz y contento.
  - **b.** Desesperado e inconsolable.
  - **c.** Triste y melancólico.
  - **d.** Aburrido y apesadumbrado.

2 Copia en tu cuaderno la siguiente descripción de los personajes del mito y complétala con los nombres correctos.

Los reyes de los Infiernos eran ..①... y ..②.... Por otro lado, ..③... era un poeta espléndido que vivía en un palacio y su madre era ..④..., musa y esposa de ..⑤..., rey de ..⑥....

3 Orfeo atravesó cuatro momentos fundamentales en su vida: su boda, la muerte de Eurídice, el rescate de esta y la pérdida final de su amada. Explica qué tipo de sentimientos experimentó en cada situación.

4 Resume el mito en una sola frase y usa solo dos nombres propios: Orfeo y Eurídice.

La creación del mundo

Describe la siguiente imagen del mito maya del Popol Vuh.

¿A qué historia de nuestra tradición te recuerda?, ¿qué elementos encuentras en común?

Imagen del antiguo manuscrito maya del *Popol Vuh*. La princesa Ixkik (Sangre) recoge una calabaza del árbol prohibido.

Antiguamente, no había sobre la tierra ningún hombre, ningún animal, ni árboles, ni piedras. No había nada. Esto no era más que una vasta extensión desolada y sin límites, recubierta por las aguas. En el silencio de las tinieblas vivían los dioses Tepeu, Gucumatz y Huracán. Hablaban entre ellos y se pusieron de acuerdo sobre lo que debían hacer. Hicieron surgir la luz que iluminó por primera vez la tierra. Después el mar se retiró, dejando aparecer las tierras que podrían ser cultivadas, donde los árboles y las flores crecieron. Dulces perfumes se elevaron de las nuevas selvas creadas. Los dioses se regocijaron de esta creación. Pero pensaron que los árboles no debían quedar sin guardianes ni servidores. Entonces ubicaron sobre las ramas y junto a los troncos toda suerte de animales.

Pero estos permanecieron inmóviles hasta que los dioses les dieron órdenes:

—Tú, tú irás a beber en los ríos. Tú, tú dormirás en las grutas. Tú marcharás a cuatro patas y un día tu espalda servirá para llevar cargas. Tú, pájaro, vivirás en los árboles y volarás por los aires sin tener miedo de caer.

Los animales hicieron lo que se les había ordenado.

Los dioses pensaron que todos los seres vivientes debían ser sumisos en su entorno natural, pero no debían vivir en el silencio; porque el silencio es sinónimo de desolación y de muerte. Entonces les dieron la voz.

Pero los animales no supieron más que gritar, sin expresar ni una sola palabra inteligente.

Entristecidos, los dioses formaron consejo y después se dirigieron a los animales:

—Porque ustedes no han tenido conciencia de quiénes somos, serán condenados a vivir en el temor a los otros. Se devorarán los unos a los otros sin ninguna repugnancia. Escuchando eso, los animales intentaron hablar. Pero solo salieron gritos de sus gargantas y sus hocicos.

Los animales se resignaron y aceptaron la sentencia: pronto serían perseguidos y sacrificados, sus carnes cocidas y devoradas por los seres más inteligentes que iban a nacer.

www.americas-fr.com

Hacha que representa al dios maya del rayo.

ARTE Y LITERATURA

Entra en el canal YouTube y busca «El Popol Vuh maya completo», publicado por Nostos Edu, y anota en tu cuaderno:

- El tipo de personajes que muestra.
- El tiempo en el que sucede.
- Los elementos fantásticos que encuentres.

ACTIVIDADES

1 ¿Qué tipos de personajes aparecen en los mitos del *Popol Vuh* y de *Orfeo y Eurídice*? ¿Cuál es su función en cada relato?

2 ¿Consideras que los textos pueden ubicarse en una cultura o comunidad concreta? En este sentido, ¿transmiten un valor o identidad cultural?

3 ¿Qué tiempo y espacio comparten estos mitos? ¿En qué escenario se desarrolla cada uno de ellos? ¿Puedes situarlos en un tiempo histórico concreto?

4 Reflexiona sobre la temática y la función de estos mitos:

a. ¿Cuál es la temática del mito de *Orfeo y Eurídice*? ¿Crees que el mito pretende explicarnos algo?

b. ¿Cuál es la temática del mito del *Popol Vuh*? ¿Qué finalidad persigue?

c. Según esto, ¿podrías definir la función que adoptan ambos textos?

5 ¿Consideras que las historias narradas se presentan como un suceso ficticio o, por el contrario, crees que se presentan como historias verdaderas y reales? Justifica tu repuesta.

6 ¿Por qué no tienen autor conocido? ¿Quién piensas que los ha podido crear? ¿Cómo crees que han llegado a nuestros días? Las respuestas que has dado a las preguntas anteriores posiblemente puedan ayudarte.

7 ¿Qué semejanzas plantean estos dos textos míticos con el género del romance?

8 Ambos textos presentan una estructura lineal, pues siguen el orden lógico de la historia y no se producen en ellos saltos cronológicos. Divide los textos según la estructura de introducción, desarrollo y desenlace.

9 ¿Qué características presenta el narrador de los textos? ¿Conoce todos los detalles? ¿Cuenta los sucesos desde la perspectiva de algún personaje? ¿En qué persona están narrados los mitos? ¿Qué tiempos verbales predominan?

Eva, de Alberto Durero (1471-1528).

01 Literatura y tradición

La **tradición** es el conjunto de costumbres y expresiones artísticas que definen a un pueblo y se transmiten de generación en generación. Dentro de esas expresiones ha estado, desde siempre, la de hacer obras de arte con palabras: cantar canciones, contar historias o crear adivinanzas y refranes, escribir novelas... A las creaciones que usan las palabras se las llama *obras literarias*.

La literatura se distingue de los mensajes no literarios en cuanto a su forma, ya que utiliza un **lenguaje figurado**, es decir, usa palabras con un sentido diferente del habitual (lenguaje literal) para darles un significado propio.

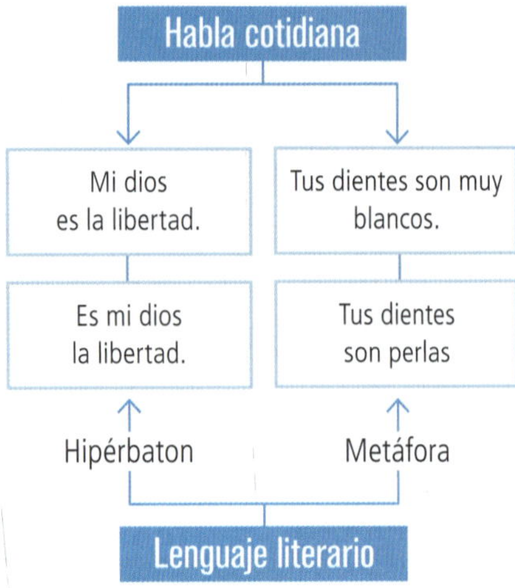

La literatura puede aparecer escrita en verso o en prosa:

- En **verso** (textos con una medida y cadencia concreta), las canciones o los poemas son su mejor reflejo. Las palabras cuentan con un ritmo y una medida que les proporcionan cadencia. Así, muchas veces se usan las palabras finales para hacer repeticiones que dan lugar a la rima y a otros recursos literarios:

Noches de Castilla

¡Luna llena, luna llena,
tan oronda, tan redonda
en esta noche serena
de marzo, panal de luz
que labran blancas abejas!

Antonio Machado
Qué fácil es volar
Ediciones Colihue

- **Reduplicación**: Repetición de varias palabras seguidas.
- **Paralelismo**: Repetición de la misma estructura: adverbio + adjetivo.
- **Metáfora.** Identificación de dos términos: un panal con la luna.
- Todos los versos tienen ocho sílabas salvo este. Eso sucede porque termina en una palabra monosílaba.

- En **prosa**, por el contrario, se utiliza un lenguaje más natural y menos sujeto a la cadencia que en el verso.

> Había una vez en una colmena una abeja que no quería trabajar, es decir, recorría los árboles uno por uno para tomar el jugo de las flores; pero en vez de conservarlo para convertirlo en miel, se lo tomaba del todo.
>
> Horacio Quiroga: *Cuentos de la selva y Anaconda*. Ediciones Nace

Cuando la prosa hace especial hincapié en el ritmo y las figuras literarias decimos que se trata de **prosa poética**.

La literatura muestra el carácter y los acontecimientos de una sociedad, y sus sentimientos respecto a estos. Además, sirve para que su lengua perdure en el tiempo.

02 Literatura popular y literatura culta

La literatura popular dio origen a la culta, y en muchos casos autores conocidos han recurrido a lo popular para realizar sus creaciones.

02.1 La literatura popular

La **literatura popular** se llama así porque pertenece al pueblo. Por tanto, las obras populares son **anónimas,** es decir, no tienen autor conocido o recordado. Se transmiten de generación en generación sin que sean escritas ni leídas, sino de manera **oral**, y **pueden sufrir modificaciones.**

Se trata de obras normalmente breves y, cuando son en verso, suelen ir acompañadas de música, como sucede con las canciones de trabajo, canciones de fiesta, canciones de amor, villancicos, nanas, romances y coplas.

El segador,
de Vincent van Gogh (1853-1890).

> Adiós, Cádiz, adiós, Cádiz,
> en ti dejo mi cariño,
> pero seré golondrina
> que vuelva pronto a su nido.
>
> Recogido por Jacint Verdaguer

Las **coplas** son una variante de los romances, ya que tienen rima asonante en los pares, aunque solo tienen cuatro versos, por lo que no siempre cuentan una historia.

También forman parte de la literatura popular historias narrativas en prosa breves, como los mitos, las leyendas y las fábulas.

02.2 La literatura culta

Se llama **literatura culta** a la literatura **escrita** y que tiene un **autor conocido,** que desea que conozcan su autoría y que, por lo general, **no hace modificaciones** sobre su obra.

La difusión de este tipo de literatura se hace a través de las copias manuscritas en los primeros tiempos e impresas después.

Hoy en día es frecuente que los autores difundan sus obras a través de Internet, y también es posible, desde la invención del gramófono, la difusión oral de la literatura culta.

A veces los autores cultos imitan las obras de la literatura popular y crean obras inspiradas o incluso similares a ellas. Así, autores del siglo XVII como Góngora o Lope de Vega y autores del siglo XX como Federico García Lorca se basaban en obras populares.

Ortografía de los nombres propios

Se escriben con mayúscula inicial los nombres propios, apellidos, apodos y sobrenombres de personas y los nombres propios de animales y lugares, así como los artículos que pertenecen al nombre. *Antonio Machado, La Habana, Guzmán el Bueno, Bilbao, Rocinante.*

03 Literatura oral y escrita

El germen de la literatura escrita proviene de la oral, por lo que es imposible entenderla sin observar la evolución de esta.

03.1 La literatura oral y la literatura escrita

La literatura, del mismo modo que el lenguaje, fue en un principio oral, es decir, hablada o cantada. Ese carácter de comunicación oral lo mantiene aún la literatura popular, que siempre es oral.

La literatura culta se difunde de forma oral cuando el autor escribe para que se convierta en canción. También se ha difundido el uso de audiolibros, que son lecturas, hechas por máquinas o personas, de obras escritas. El lenguaje de estas obras es el propio de la literatura escrita aunque la transmisión sea oral.

> Era del año la estación florida
> en que el mentido robador de Europa
> (media luna las armas de su frente,
> y el Sol todos los rayos de su pelo),
> luciente honor del cielo,
> en campos de zafiro pace estrellas.
>
> Luis de Góngora: *Soledades*. Castalia

La **literatura escrita** utiliza un lenguaje fruto de la elaboración y la planificación de un autor culto, como se demuestra en el vocabulario y en la variedad de recursos utilizados.

Algunos recursos habituales en la literatura oral son:

- La **pronunciación** puede ser coloquial o dialectal: *marío, lao.*
- La aparición de palabras que **imitan sonidos** o que **no tienen sentido**: *pim, pim, zamalacatín, ay, chúmbala, catacachúmbala, trébole…*
- La presencia de **estribillos** con mayor frecuencia que en la literatura escrita.
- La aparición de **llamadas de atención** a las personas que supuestamente están oyendo: *Oíd bien, Ahora veréis…*

03.2 El paso de lo oral a lo escrito

Tenemos recogidas por escrito muchas obras de literatura popular, que han sido reunidas por estudiosos que han querido conservarlas.

En España, autores como Demófilo, el seudónimo de Antonio Machado y Álvarez (padre de Antonio Machado), decidieron recoger «los proverbios, cantares, adivinanzas, cuentos, leyendas, fábulas, tradiciones y demás formas poéticas y literarias» del pueblo.

> De cositas *pasaas*
> no *quieo* yo acordarme,
> porque me *yora* mi *corasonsito*
> gotitas *e* sangre.
>
> Antonio Machado y Álvarez, Demófilo
> *Colección de cantes flamencos*
> Signatura Flamenco

En el mundo, uno de los casos más famosos es el de los hermanos Grimm que, en el siglo xix, recogieron cuentos populares de la zona en que vivían y escribieron un libro que los recopila. Entre esos cuentos están algunos tan conocidos como *Caperucita Roja, La bella durmiente, Hansel y Gretel, Cenicienta* o *Rapunzel.*

Ilustración de Arthur Rackham para los hermanos Grimm. Hansel y Gretel con la bruja en la puerta de su casa, mostrando las baldosas hechas de pan de jengibre.

ACTIVIDADES

1 Fíjate en las siguientes canciones. ¿Con qué actividades de la vida diaria las relacionas?

Ande usted, madre,
con el dinero
que están de paso
los carboneros,
y van diciendo
por las esquinas
que quién me compra
carbón de encina.
Carbón de encina,
carbón de roble,
que la firmeza
no está en los hombres.
No está en los hombres
ni en las mujeres,
que está en el tronco
de los laureles.

Desde las cumbres
de las montañas
vengo con flores
para vender.
Andad, muchachas,
compradme flores,
que son bonitas
y huelen bien.
Para casadas,
las clavellinas,
para los hombres,
el tulipán,
para las niñas,
las dalias blancas,
para los novios,
flor de azahar.

2 Encuentra en las canciones anteriores rasgos propios de la poesía oral.

3 En esta canción popular hay un refrán incluido. ¿Lo reconoces? Escribe la copla con la grafía propia de la literatura escrita.

Ime con quien andas
Te *iré* quien eres:
Como tú *anda* con malas personas
Malito tú eres.

Textos recogidos por Demófilo

4 Lee la siguiente canción. ¿Conoces alguna otra versión?, ¿en qué se diferencia?

Que llueva, que llueva,
la Virgen de la Cueva,
que sí, que no,
que caiga un chaparrón
en medio la estación,
que rompa los cristales
y que toquen el tambor.
Agua, San Marcos,
rey de los charcos,
para mi triguito,
que está muy bonito,
para mi *cebá,*
que ya está *graná,*
para mi aceituna,
que ya tiene una.

5 Decía Demófilo que se observa la diferencia entre el cante popular y las imitaciones. Indica, en estas dos coplas, cuál crees que es la popular y cuál es imitación de un autor culto y explica por qué lo piensas.

A aquel pajarito, *mare,*
que canta en la verde oliva,
dígale usted que se calle,
que su cantar me lastima.

A aquel pajarito, *mare,*
que canta en la rama verde,
dígale usted que se calle
porque su canto me ofende.

Textos recogidos por Demófilo

6 ¿Qué estrofa se utiliza en estas canciones? ¿De qué tema trata cada una de ellas?

Marinero, sube al tope
y dile a la madre mía
si se acuerda de aquel hijo
que por los mares tenía.

Dentro de tu pecho tienes
dos escaleras de vidrio,
por una sube el amor,
por otro baja el olvido.

Textos recogidos
por Jacint Verdaguer

04 Narraciones populares

Las narraciones populares representan un papel muy importante en la cultura de un país, ya que forman parte de su tradición.

04.1 El romance

El romance surge en la Edad Media para cantar temas épicos, pero se ha seguido cantando hasta hoy día, ampliando su temática.

El romance es un tipo de poema que los autores cultos han utilizado en muchas ocasiones y no solo para imitar lo popular. Por ejemplo, en el *Romancero gitano* de Federico García Lorca se usan palabras cultas y no se pueden hacer variaciones o versiones, pues es una creación personal del autor en la que explota todos los recursos del lenguaje literario.

Verde que te quiero verde;	8-
verde viento, verdes ramas.	8a
El barco sobre la mar	7+1-
y el caballo en la montaña.	8a
Con la sombra en la cintura	8-
ella sueña en su baranda,	8a
verde carne, pelo verde,	8-
con ojos de fría plata.	8a
Verde que te quiero verde.	8-
Bajo la luna gitana,	8a
las cosas la están mirando	8-
y ella no puede mirarlas.	8a

Paralelismo

Repetición de la misma estructura: adjetivo y sustantivo.

Antítesis

Contrapone dos palabras con sentido contrario: *mar* y *montaña*.

Metáfora

Identificación de una realidad con otra con la que guarda parecido. ¿Los ojos son de verdad de plata?

Cuando llegaba la noche,	8-
noche que noche nochera,	8a
los gitanos en sus fraguas	8-
forjaban soles y flechas.	8a
Un caballo malherido,	8-
llamaba a todas las puertas.	8a
Gallos de vidrio cantaban	8-
por Jerez de la Frontera.	8a
El viento vuelve desnudo	8-
la esquina de la sorpresa,	8a
en la noche platinoche	8-
noche, que noche nochera.	8a

Reduplicación

Repetición de varias palabras seguidas.

Prosopopeya o personificación

Consiste en aplicar cualidades humanas a animales u objetos, haciéndolos comportarse como personas.

«Romance sonámbulo» y «Romance de la Guardia Civil española», incluidos en el *Romancero gitano*, de Federico García Lorca.

04.2 El cuento

Los cuentos son narraciones breves de ficción que, al igual que la leyenda, utilizan elementos maravillosos. Sin embargo, a diferencia de estas, no intentan hacer pasar esos sucesos como históricos.

Los cuentos pueden ser populares o literarios. El **cuento literario** se distingue por estar **escrito** por un **autor conocido.** Sin embargo, el **cuento popular** se caracteriza por ser **anónimo** y **oral.** Estos, a su vez, pueden agruparse en cuentos maravillosos, cuentos realistas y fábulas y apólogos.

Tipos de cuentos populares

Maravillosos	Realistas	Apólogos	Fábulas
• Se sitúan en lugares y tiempos sin concretar: «Érase una vez». • Aparecen personajes fabulosos: hadas, brujas, ogros, duendes... • Utilizan objetos mágicos: anillos, brebajes, amuletos... • Tratan situaciones sobrenaturales: transformaciones, sueños, apariciones...	• Se sitúan en lugares concretos o semejantes a los reales. • Los personajes y costumbres que aparecen pertenecen a la vida cotidiana y normalmente a las clases humildes: carpinteros, campesinos...	• Texto en prosa que contiene una enseñanza o lección, llamada **moraleja**. • Utilizados por autores cultos para hacer advertencias a sus lectores. Por ejemplo, el famoso «Cuento de la lechera», en distintas versiones, aparece en el libro de cuentos oriental *Panchatantra*, del escritor griego Esopo, y en la obra medieval *El conde Lucanor*, de Don Juan Manuel.	• Contiene una moraleja que usa animales como protagonistas. • En prosa y, en el siglo XVIII, fueron puestas de moda, por autores como Iriarte o Samaniego.

04.3 La leyenda

Una leyenda narra un hecho concreto usando elementos maravillosos y personajes históricos. Así, por ejemplo, suele explicar el nombre de un lugar, la presencia de un monumento, la historia de una persona o el origen de una costumbre, siempre con un carácter histórico. No pretende explicar los elementos sobrenaturales, sino poner de relieve alguna característica de un pueblo o región. Igual que sucede con el cuento, las leyendas populares han sido imitadas por los autores cultos.

Gustavo Adolfo Bécquer fue un escritor español del siglo XIX conocido por su libro *Rimas y leyendas*.

Hace mucho tiempo, mucho tiempo, yo no sé cuánto, pero los moros ocupaban aún la mayor parte de España, se llamaban condes nuestros reyes, y las villas y aldeas pertenecían en feudo a ciertos señores, que a su vez prestaban homenaje a otros más poderosos, cuando acaeció lo que voy a referir a ustedes.

Gustavo Adolfo Bécquer: *Rimas y leyendas*. Edaf

04.4 El mito

El mito es un texto narrativo tradicional de los diferentes pueblos y civilizaciones para explicar fenómenos de la naturaleza y cuestiones fundamentales de la condición humana utilizando como protagonistas a dioses, semidioses, héroes y monstruos. Así, tiene un componente religioso y filosófico.

Orfeo y Eurídice

Orfeo, hijo de Eagro, rey de Tracia, y de la musa Calíope, fue el músico y poeta más grande de todos los tiempos. Al sonido de su lira, la naturaleza entera se conmovía. [...]

Lo adoraban las ninfas de los bosques no solo por el encanto de sus canciones, sino también por su bondad. Entre todas ellas, Orfeo eligió a la bella Eurídice como esposa y la llevó a vivir con él a su palacio. [...]

Introducción

Contexto inicial u origen de la situación mítica.

Presentación del dios o personaje principal: nombre, rasgos, carácter, poderes, descendencia, progenitores...

Un día que Eurídice deambulaba por las orillas de un río, se dio cuenta de que la seguía un hombre.

[...] Buena conocedora de aquellos parajes, corría Eurídice velozmente mientras los pasos del hombre se hacían más y más distantes, hasta que dejaron de oírse. Aminoró la ninfa, aún agitada por la carrera, su marcha, pero el azar quiso que pisara una serpiente escondida entre la maleza. El reptil se enroscó en su tobillo y clavó sus afilados dientes en el talón de la muchacha.

Llegó la noche y la ninfa no regresaba al palacio. Orfeo, preocupado por tan inusual tardanza, mandó a buscarla. Al clarear el día, la encontraron muerta sobre la hierba cubierta de escarcha.

Orfeo estaba inconsolable.

[...] Tan desesperado se encontraba que una idea descabellada le hizo revivir y fue a comunicársela a su padre.

—Iré al reino de los muertos a rescatar a Eurídice, padre. Solo así podré seguir viviendo.

Su padre quiso hacerle desistir de tan disparatado propósito, pero no le fue posible.

Orfeo consiguió llegar al Hades y enseguida empezó a tocar su lira. Puso tanto amor y tanto empeño en ello que las notas que salían de las cuerdas conmovieron e iluminaron el mundo subterráneo, perpetuamente sumido en la oscuridad. Las sombras de los muertos se asomaban cautelosas para escucharlo, y entre ellas, los reyes de los Infiernos, Hades y Perséfone, también sobrecogidos por la música, salieron a recibirlo.

Orfeo les suplicó que dejaran a su amada Eurídice volver con él al mundo de los vivos. Hades al fin consintió, pero poniendo una condición.

—Eurídice te seguirá, pero si te vuelves para mirarla antes de haber llegado a la luz, se desvanecerá.

De entre las tinieblas surgió Eurídice y se inundó de alegría el rostro de Orfeo, que corrió a abrazarla.

Desarrollo

Explicación o interpretación del suceso mítico según la cultura.

Se apresuraron a salir del inhóspito lugar. Orfeo iba delante, a muy pocos pasos le seguía Eurídice. Caminaron uno tras otro durante un largo trecho, y en el tramo final, cuando ya se vislumbraba la claridad del sol y estaban a pocos metros de la salida, Orfeo se volvió impulsivamente a mirar a Eurídice y, al instante, como una ligera nube de humo, la vio desvanecerse y desaparecer para siempre.

Desenlace

Conclusión o resultado.

Remedios HIGUERAS
Mitos clásicos
Edelvives

Verbos en tiempo pasado, con el fin de contar acciones ya ocurridas.

Narrador omnisciente. Narrador en tercera persona, que conoce todo lo que sucede.

Estilo directo.

Situado fuera del tiempo histórico, se refiere a un **tiempo sagrado** e intenta relacionar el mundo natural con el sobrenatural, aunque se presenta en calidad de historia verdadera y real.

ACTIVIDADES

1 Lee el siguiente texto e indica a qué tipo de cuento pertenece y por qué. Indica si contiene una moraleja y, en ese caso, cuál es su enseñanza.

Había una mujer que se llamaba doña Truhana, que era más pobre que rica, la cual, yendo un día al mercado, llevaba una olla de miel en la cabeza. Mientras iba por el camino, empezó a pensar que vendería la miel y que, con lo que le diesen, compraría una partida de huevos, de los cuales nacerían gallinas, y que luego, con el dinero que le diesen por las gallinas, compraría ovejas, y así fue comprando y vendiendo, siempre con ganancias, hasta que se vio más rica que ninguna de sus vecinas.

Luego pensó que, siendo tan rica, podría casar bien a sus hijos e hijas, y que iría acompañada por la calle de yernos y nueras, y pensó también que todos comentarían su buena suerte pues había llegado a tener tantos bienes aunque había nacido muy pobre.

Así, pensando en esto, comenzó a reír con mucha alegría por su buena suerte y, riendo, riendo, se dio una palmada en la frente, la olla cayó al suelo y se rompió en mil pedazos. Doña Truhana, cuando vio la olla rota y la miel esparcida por el suelo, empezó a llorar y a lamentarse muy amargamente porque había perdido todas las riquezas que esperaba obtener de la olla si no se hubiera roto. Así, porque puso toda su confianza en fantasías, no pudo hacer nada de lo que esperaba y deseaba tanto.

Don Juan Manuel. www.ciudad seva.com

2 Identifica en este cuento maravilloso los siguientes elementos que se han indicado como propios de este tipo de textos:

a. Personajes fabulosos.

b. Objetos mágicos.

c. Situaciones sobrenaturales.

Salió el demonio a recibirlos y enseguida le mandó que hiciera el primer trabajo.

—Para mañana —le dijo— tienes que allanar aquella ladera, ararla, sembrar el trigo, segarlo, molerlo y traerme el pan.

El muchacho cogió un azadón y se fue para la montaña. Pero cuando vio que era toda de piedras, se echó a llorar. Llorando como estaba se restregó los ojos con el anillo y al momento se le apareció Blancaflor. [...]

—¿Qué te pasa? —le preguntó ella.

—Pues nada —contestó él y le contó lo que su padre le había mandado.

—No te apures —dijo ella—, échate en mi falda y duérmete.

Cuando el muchacho se despertó, ya estaba el pan hecho. Se lo presentó al demonio y este le dijo:

—Muy bien. Pero... o tú andas con Blancaflor, o eres más demonio que yo. Ahora tienes que plantar este campo de vid y traerme por la tarde un buen canasto de uvas.

Otra vez el príncipe se echó a llorar, y, al restregarse los ojos con el anillo, se le apareció Blancaflor.

Antonio Rodríguez Almodóvar
Cuentos al amor de la lumbre, I. Alianza

3 Accede a Youtube y busca «PanKu», publicado por José Tostes. Luego anota en tu cuaderno el tipo de personajes que aparecen, el tiempo en el que sucede, así como los elementos maravillosos que encuentres y de qué tipo de narración popular se trata. Finalmente, busca en Internet a qué país se asocia esta narración.

4 Lee el siguiente texto y escribe en tu cuaderno las palabras que deben estar en mayúsculas e indica el porqué.

En castilla está un castillo,
que se llama rocafrida;
al castillo llaman roca,
y a la fuente llaman frida.
El pie tenía de oro
y almenas de plata fina;
entre almena y almena
está una piedra zafira;
tanto relumbra de noche
como el sol a mediodía.
Dentro estaba una doncella
que llaman rosaflorida;
siete condes la demandan,
tres duques de lombardía;
a todos les desdeñaba,
tanto es su lozanía..

Por una gentil floresta
Edelvives

ESCRIBIR

El mito

Lee el siguiente mito sobre las nueve musas griegas.

Cuando Zeus, dios del Olimpo, creó el mundo, preguntó a los otros dioses que lo acompañaban si faltaba algo, los dioses respondieron que sí, que faltaba un espíritu divino que inspirara la creación con palabras y música. Entonces pidieron a Zeus que creara a las musas... Y cuenta el mito que Zeus y Mnemosyne, diosa de la memoria, hija del Cielo y de la Tierra, durante nueve noches se unieron en un lugar cercano al Olimpo. De esa unión nacieron nueve musas, cada una de las cuales evocan diferentes aspectos de la cultura y el arte. Las nueve hijas de Zeus y Mnemosyne representan e inspiran cada una un arte especial: Calíope es la musa de la poesía, Clío de la historia, Erato de la mímica, Euterpe de la música, Polimia del himno, Melpóneme de la tragedia, Talía de la comedia, Terpsícore de la canción y Urania de la astronomía.

http://bibliotecaemadliteratura.blogspot.com.es

Tu turno

1 Redacta un mito protagonizado por una de las nueve musas para explicar algún acontecimiento señalado de la humanidad. En tu texto pueden aparecer también otros dioses griegos. Para ello, busca en Internet información sobre otros personajes de la mitología griega. Sigue los pasos indicados a continuación en el proceso de escritura:

a. Escoge, define y caracteriza a los personajes que protagonizan el mito.

b. Infórmate sobre un acontecimiento importante para la humanidad.

c. Piensa en cómo puedes combinar en tu mito los elementos naturales con los sobrenaturales en una historia que responda al acontecimiento sobre el que te has informado.

d. Organiza los diferentes elementos y secciones que van a aparecer en el mito, de forma que estructures el contenido en la secuencia lineal de introducción, desarrollo y desenlace.

e. Redacta el mito aplicando las técnicas narrativas de este tipo de texto.

f. Revisa tu texto tanto al final del proceso como a lo largo del mismo, reajustando y rectificando lo escrito:

- Intención comunicativa o función mítica.
- Estilo de la redacción.
- Ortografía.

El cuento

ANIMACIÓN A LA ESCRITURA

Accede a YouTube y busca «Blancanieves - Trailer HD», publicado por Veoclips. Explica qué elementos del cuento tradicional reconoces en el tráiler. ¿Qué elementos son diferentes en esta actualización del cuento?, ¿qué versión del cuento prefieres y por qué?

Si te parece curiosa la interpretación del cuento de *Blancanieves,* lee el cuento de los hermanos Grimm ilustrado por Benjamin Lacombe, de la editorial Edelvives.

Tu turno

1 En el vídeo que acabas de ver, has podido comprobar cómo una misma historia puede ser contada de diversas maneras, con personajes con otras características y una situación con ciertas variaciones, aunque reconocible para el público. Ahora lleva tú a cabo este proceso creativo realizando una disparatada ensalada de cuentos con la ayuda de tus compañeros.

a. Forma un grupo con cuatro compañeros de clase. Escoged tres o cuatro personajes de cuentos tradicionales conocidos, para componer el cuadro de personajes del nuevo cuento.

b. Imaginad una nueva vida para estos personajes, mediante la inversión de sus características tradicionales. Tenéis que crear un cuento al revés, asignando a los personajes sus facetas contrarias. Las historias disparatadas y el humor serán los ingredientes principales de vuestro cuento.

c. Introducid un elemento simbólico en vuestra historia. Tomad como ejemplo el significado de la manzana en Blancanieves: ¿qué características tiene este fruto? ¿Recordáis alguna otra historia en la que una manzana adquiera una importancia similar? A partir de esta reflexión, idead un nuevo elemento simbólico que dé juego en el cuento finalmente creado.

d. Debéis reflejar el resultado final en un mural. Además de incluir el texto, tenéis que ilustrar la historia, ya sea por medio del dibujo o a través de la técnica del *collage,* utilizando recortes de materiales diversos.

EVALUACIÓN

Toda la clase se convertirá en jurado. La respuesta a estas cuestiones os proporcionará la clave para elegir al ganador.

- ¿Cuál de las historias es más creativa en la inversión de las características de los personajes?
- ¿Qué elemento simbólico se inserta de manera más coherente en la historia?
- ¿Qué mural presenta de forma más original la combinación de texto e ilustración?
- ¿Qué texto sigue más fielmente el estilo literario de los cuentos tradicionales?
- ¿Algún mural presenta alguna falta de ortografía?

EVALUACIÓN

La cruz del diablo

Yo había adelantado algunos minutos a mis compañeros de viaje, y deteniendo mi escuálida cabalgadura, contemplaba en silencio aquella cruz, muda y sencilla expresión de las creencias y la piedad de otros siglos. [...]

Volví la cara: un hombre estaba al lado mío.

Era uno de nuestros guías natural del país, el cual, con una indescriptible expresión de terror pintada en el rostro, pugnaba por arrastrarme consigo y cubrir mi cabeza con el fieltro que aún tenía en mis manos. [...]

—¡Por la memoria de su madre! ¡Por lo más sagrado que tenga en el mundo, señorito, cúbrase usted la cabeza y aléjese más que de prisa de esta cruz! ¡Tan desesperado está usted que, no bastándole la ayuda de Dios, recurre a la del demonio!

Yo permanecí un rato mirándole en silencio. Francamente, creí que estaba loco; pero él prosiguió con igual vehemencia:

—Usted busca la frontera; pues bien, si delante de esa cruz le pide usted al cielo que le preste ayuda, las cumbres de los montes vecinos se levantarán en una sola noche hasta las estrellas invisibles, solo porque no encontremos la raya en toda nuestra vida.

Yo no puedo menos de sonreírme.

—¿Se burla usted...? ¿Cree acaso que esa es una cruz santa como la del porche de nuestra iglesia...?

—¿Quién lo duda?

—Pues se engaña usted de medio a medio; porque esa cruz, salvo lo que tiene de Dios, está maldita... Esa cruz pertenece a un espíritu maligno, y por eso la llaman *La cruz del diablo.*

—¡La cruz del diablo! —repetí cediendo a sus instancias, sin darme cuenta a mí mismo del involuntario temor que comenzó a apoderarse de mi espíritu, y que me rechazaba como una fuerza desconocida de aquel lugar—; ¡la cruz del diablo! ¡Nunca ha herido mi imaginación una amalgama más disparatada de dos ideas tan absolutamente enemigas...! ¡Una cruz... y del diablo! ¡Vaya, vaya! Fuerza será que en llegando a la población me expliques este monstruoso absurdo.

Gustavo Adolfo BÉCQUER: *Rimas y Leyendas.* Edaf

1 Indica si el texto está escrito en prosa o en verso y explica por qué lo sabes.

2 Identifica los dos personajes que hablan. ¿Quién representa la tradición popular y quién la culta?

3 ¿Qué creencias muestra cada uno de estos personajes con respecto a la cruz de la que se está hablando?

4 A la pregunta *¿Se burla usted?* no hay respuesta. ¿Crees que el personaje se está burlando? Explica el sentido que tiene la expresión *¿Quién lo duda?*

5 *Cruz* y *diablo,* ¿por qué resulta una mezcla disparatada? Menciona el nombre de una canción infantil en la que aparezcan realidades disparatadas.

6 Cuando el personaje, siguiendo la petición del autor, contara este *monstruoso absurdo,* lo haría oralmente. ¿Qué palabras puede usar para llamar la atención de los que lo oyen?

7 ¿Qué elementos maravillosos aparecen en el texto?

8 Hay muchas fiestas, tradiciones e historias relacionadas con el terror y la noche. Comenta alguna que recuerdes.

EVALUACIÓN

1 Copia y completa en tu cuaderno este organizador visual para sintetizar las características de estos géneros (origen popular o culto, forma, transmisión y ejemplo).

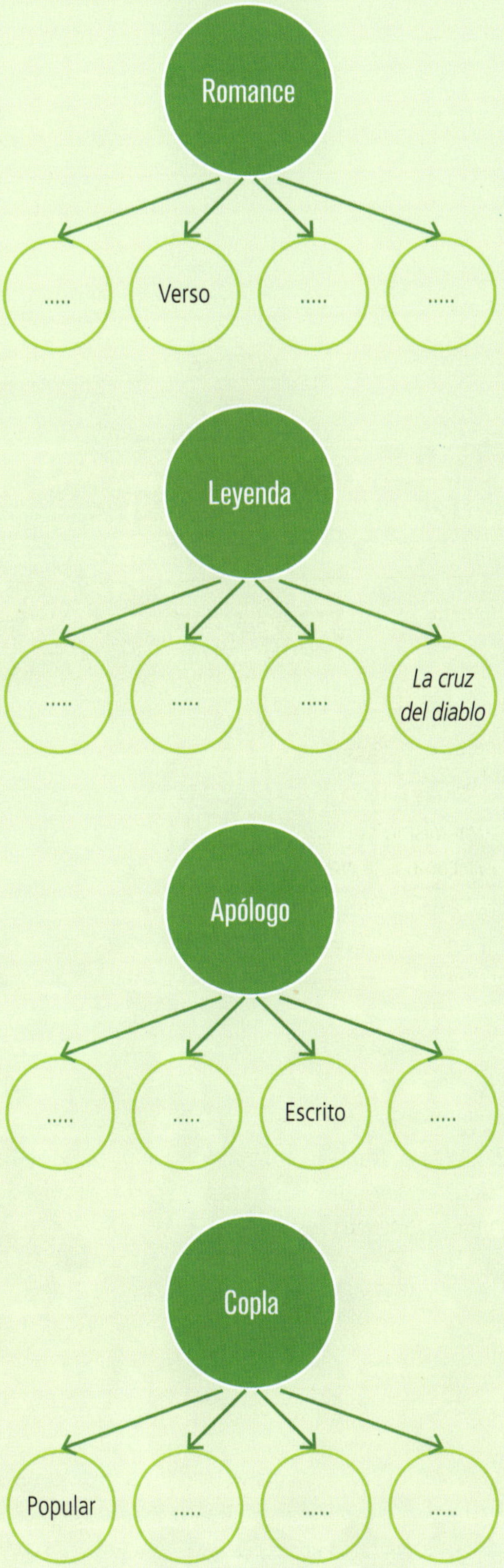

2 ¿Qué rasgos de la literatura culta y de la literatura popular encuentras en estos dos textos?

De los cuatro muleros
que van al campo,
el de la mula torda,
moreno y alto.
De los cuatro muleros
que van al agua,
el de la mula torda
me roba el alma.
De los cuatro muleros
que van al río,
el de la mula torda
es mi marío.

Federico García Lorca
Canciones. Alianza Editorial

La más bella niña
de nuestro lugar,
hoy viuda y sola
y ayer por casar,
viendo que sus ojos
a la guerra van,
a su madre dice
que escucha su mal:
«Dejadme llorar,
orillas del mar.»

Luis de Góngora
La poesía española
Círculo de lectores

3 Escribe en tu cuaderno una copla y explica en qué se diferencia de un romance.

4 Indica si las siguientes afirmaciones son verdaderas o falsas y explica por qué lo son.

a. Los mitos pueden contarse en primera o tercera persona.

b. Los mitos, leyendas y cuentos maravillosos tienen elementos fantásticos.

c. En los romances y apólogos pueden aparecer o no elementos fantásticos.

d. Un apólogo y una fábula son mitos.

DIARIO DE APRENDIZAJE

¿Qué técnica he empleado para recordar las características de cada uno de los géneros de esta unidad?

02 Donjuanes y Rocinantes

¿Qué emociones o sentimientos me provoca esta imagen?

1 Si tuvieras que describir esta imagen, ¿qué expresiones usarías?

2 La literatura sirve para crear mundos: ¿qué personajes esperas encontrar en un mundo maravilloso?

3 Haz repaso de libros que hayas leído y canciones que hayas escuchado. ¿Qué temas tratan?

Accede a Internet y busca «El mundo de la cultura da su último adiós a Fernán Gómez», publicado por la Cadena Ser. Después, escucha la foto del día de Luis de Val.

1 ¿Qué profesión tenía Fernando Fernán Goméz?

2 ¿Crees que Luis de Val ha hecho una descripción física o psicológica, o una mezcla de ambas?

3 ¿Qué rasgos destacan en la personalidad de Fernán Gómez?

La descripción

La descripción presenta, define y detalla las características o circunstancias de una persona, un objeto o un lugar, así como sentimientos, emociones...

Según la intención del autor, se diferencian la descripción objetiva y la descripción subjetiva:

- **Descripción objetiva:** se presenta la realidad observable con precisión y claridad. Es propio de los textos científicos y técnicos. *El mar es una masa de agua salada que cubre la mayor parte de la superficie de la Tierra.*
- **Descripción subjetiva:** se valora, se opina y se manifiestan sentimientos sobre la realidad descrita. Es propio de las obras literarias, diarios, cartas personales, etc. *Su mirada jovial y serena descubría el nuevo rumbo de su vida.*

Fíjate en los recursos empleados en el siguiente texto:

" Muchos años después, frente al pelotón de fusilamiento, el coronel Aureliano Buendía había de recordar aquella tarde remota en que su padre lo llevó a conocer el hielo. Macondo era entonces una aldea de veinte casas de barro y cañabrava construidas a la orilla de un río de aguas diáfanas que se precipitaban por un lecho de piedras pulidas, blancas y enormes como huevos prehistóricos. El mundo era tan reciente, que muchas cosas carecían de nombre, y para mencionarlas había que señalarlas con el dedo.

Gabriel García Márquez: *Cien años de Soledad*
Random House

- **Referencias espacio-temporales**: situación de lo descrito en un lugar y tiempo.
- **Adjetivación** abundante.
- **Enumeración**: sucesión de términos con la misma categoría gramatical.
- **Símil**: comparación entre dos elementos que presentan cierta semejanza, normalmente utilizando la partícula *como*.
- **Hipérbole:** exageración de una circunstancia que sobrepasa los límites de lo creíble.
- **Tiempos verbales**: presente y pretérito imperfecto de indicativo.

En las descripciones suelen darse otras figuras o recursos como:

- **El epíteto:** adjetivo que subraya una cualidad propia del sustantivo y que suele colocarse delante de este. *Blanca nieve.*
- **La sinonimia:** repetición de términos sinónimos o de significación semejante para realzar la expresión de un concepto. *Un ser increíble, impresionante y magnífico.*
- **La metáfora:** comparación de dos términos que, aparentemente, no tienen relación entre sí. *Ojos de mar = ojos azules.*
- **La personificación:** atribución de cualidades humanas a animales o seres inanimados. *Parecía que el gato sonreía.*

Descripción de personas

- **Prosopografía:** Aspecto físico.
- **Etopeya:** carácter.
- **Retrato:** aspecto físico y carácter.
- **Autorretrato:** retrato de una persona realizado por ella misma.
- **Caricatura:** exageración del aspecto físico o del carácter.

Descripción de lugares

- **Topografía**

¿Qué tipo de descripción crees que hace Luis del Val de Fernando Fernán Gómez en la foto del día?

Tu turno

1 Las descripciones topográficas son habituales en muchas narraciones y están presentes en otras tantas obras artísticas. Observa la pintura de Caspar David Friedrich y descríbela.

Observación de detalles

Fíjate en los detalles que quieres describir y cómo deseas describirlos: de manera objetiva o subjetiva.

Planificación

Elabora una lista de adjetivos para ser preciso en tu descripción: colores, formas, texturas, sentimientos...

Una vez que tengas la lista de adjetivos, comienza la descripción oral organizando la información que te proporciona el cuadro de lo general a lo particular, de izquierda a derecha, de primer plano a segundo plano.

Sitúa los objetos con precisión, por medio de conectores espaciales.

Exposición

Describe ante tus compañeros la imagen. ¿Coinciden los detalles de vuestras descripciones?

Caminante sobre un mar de nubes, de Caspar David Friedrich.

La representación verbal de una obra de arte visual se llama **écfrasis**.

2 Lee los siguientes textos y clasifícalos según la tipología de descripciones estudiada.

Érase un hombre a una nariz pegado,
érase una nariz superlativa,
érase una alquitara medio viva,
érase un peje espada mal barbado.

Francisco De Quevedo: *A una nariz*. Cultivalibros

Mi padre se llamaba Esteban Duarte Diniz, y era portugués, cuarentón cuando yo niño, y alto y gordo como un monte. Tenía la color tostada y un estupendo bigote negro que se echaba para abajo.

[...] Era áspero y brusco y no toleraba que se le contradijese en nada, manía que yo respetaba por la cuenta que me tenía.

Camilo José Cela: *La familia de Pascual Duarte*. Destino

AUTOEVALUACIÓN

Valora cómo ha sido tu intervención respondiendo a las siguientes preguntas.

- ¿Has hecho una descripción objetiva o subjetiva?
- ¿Has descrito todos los elementos de la imagen?
- ¿Has seguido un orden lógico en tu descripción?
- ¿Has utilizado abundantes adjetivos?
- ¿Has empleado otros recursos? ¿Cuáles?

LEER

El espíritu eterno

Vas a leer una descripción de un animal mitológico. Observa la imagen de la escultura de Antoni Gaudí, que se halla a la entrada del Parque Güell, en Barcelona. ¿Qué animal crees que representa?

"Es un ser increíble, impresionante y magnífico, la quintaesencia de la mitología animal a sus pies, una bestia tornasolada, de un brillante y perfecto azul violáceo al volar que se vuelve rojo anaranjado, como cobre derretido en el calor de las llamas al desplazarse sobre la tierra. Un escamoso animal que si existiera o hubiera existido, seguramente, pertenecería a una nueva categoría de reptiles voladores de inteligencia superior y fidelidad absoluta. Los ojos amarillos fulgentes, como el sol de verano, son profundos, serenos, observadores, sabios, carentes de mala intención, nobles como su estirpe. Detrás de la alargada cabeza luce unos pliegues solapados y móviles que expande a voluntad como una corona alrededor del cuello, como una gola que se acrecienta en la nuca y culmina en pequeños cuernos romos. Está de pie ante ella, tres metros de alto, seis de largo hasta la punta de la cola, que termina en una especie de afilada flor de lis de la misma textura que sus garras, y más de tres mil kilos de mitología alada. La envergadura de sus alas es descomunal, y solo se atisba su tamaño cuando el animal las despereza momentáneamente, sacándolas de una coraza flexible y móvil de escamas, desplegando sus membranas y dejando transparentar los cartílagos que las unen, como las alas de los murciélagos. Todas sus escamas son anchas, pero acaban en punta y encajan unas sobre otras en capas de perfección térmica y defensiva, como labradas al fuego, en áspero bronce bruñido solo parcialmente. Lo imagina tan real que se acuerda de la textura de la piel de los camaleones. Un exceso de queratina se observa en la descamación inminente que comienza a delatar una pronta muda de piel.

Elena Jiménez: *El espíritu eterno*. Esfera

ESTRATEGIAS DE LECTURA

¡Juega!

Los textos pueden ser un juguete si utilizas tu imaginación. No hay mejor manera de aprender que jugar, así que juega con lo que lees:

- Anota en los márgenes donde no estropees el soporte (apuntes, fotocopias...).
- Subraya con colores las ideas principales y secundarias.
- Localiza los protagonistas y «personajes de reparto».
- Haz diagramas o resúmenes con lo que consideres importante tener en cuenta. Es la forma de hacer tuyo el texto.
- Añade preguntas que te surjan.
- No olvides anotar posibles sugerencias de mejora.
- Utiliza un cuaderno para catalogar los textos escolares que trabajes. Señala fecha, tema, resumen...
- Atrévete a dibujar los conceptos o buscar imágenes que se aproximen a ellos.
- Piensa en lo que más te gusta del texto y en lo que menos, y luego pregúntate por qué.
- Cuando busques palabras en el diccionario, anota un sinónimo que suelas usar en vez de la definición, así lo asimilarás más rápido.

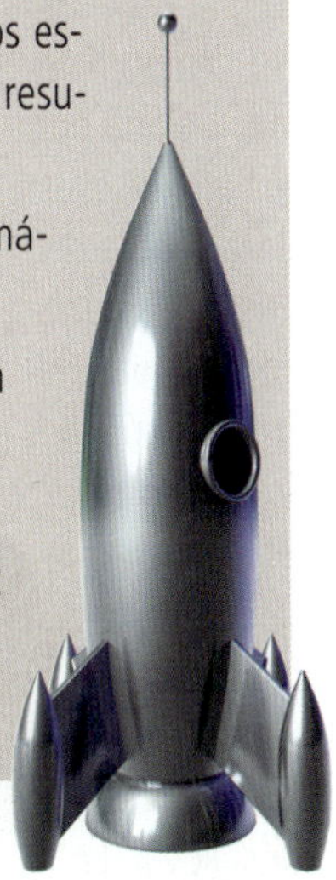

MÁS QUE PALABRAS

1 Relaciona en tu cuaderno los siguientes términos con sus sinónimos.

a. Bruñido	• Proteína
b. Inminente	• Coloreado de violeta
c. Queratina	• Extracto, pureza, lo mejor
d. Tornasolado	• Pulido, brillante, lustrado
e. Quintaesencia	• Cambiante de color
f. Violáceo	• Linaje, abolengo, familia
g. Estirpe	• Próximo, inmediato
h. Romo	• Sin punta, despuntado

2 Apunta en tu cuaderno más palabras del texto que consideres infrecuentes en tu día a día, sin olvidar completarlas con su significado. ¿Se te ocurre alguna situación donde las usarías? Detállalas.

3 Copia la tabla en tu cuaderno y continúa las secuencias siguiendo el ejemplo.

Escama	Escamosa	Descamar
Fuego		
	Perezoso	
		Despuntar

ACTIVIDADES

1 ¿Qué tipo de animal crees que se está describiendo en este fragmento de novela?

2 ¿En qué tipo de lugares piensas que podrías encontrarte este animal?

3 ¿Con qué animales se compara el ser que se describe en el texto? Localiza en el texto la respuesta.

a. Con un reptil marino.

b. Con un cruce de reptil volador y un ser mitológico indescriptible.

c. Con un camaleón o un murciélago.

d. Con ninguna de las tres anteriores.

4 ¿Cuánto pesa el animal? Argumenta tu respuesta.

- Como un autobús.
- Millones de kilos.
- Más de tres toneladas.
- Como dos coches.

5 Las descripciones ayudan a crear una imagen mental de lo descrito. No se habla en este texto de las patas del animal. Descríbelas.

6 Describe cómo piensas que debe ser la sensación de acariciar al animal retratado.

Peter Pan

Observa y describe la imagen. ¿Qué famoso personaje está interpretando Christopher Walken? ¿Qué otros personajes de esta historia conoces?

Wendy llegó la primera, luego John y por fin Michael. Durante un par de semanas tras la llegada de Wendy estuvieron dudando si se la podrían quedar, pues era una boca más que alimentar. [...]

A la señora Darling le encantaba tener todo como es debido y el señor Darling estaba obsesionado por ser exactamente igual que sus vecinos, de forma que, como es lógico, tenían una niñera. Como eran pobres, debido a la cantidad de leche que bebían los niños, su niñera era una remilgada perra de Terranova, llamada Nana, que no había pertenecido a nadie en concreto hasta que los Darling la contrataron. Sin embargo, los niños siempre le habían parecido importantes y los Darling la conocieron en los jardines de Kensington, donde pasaba la mayor parte de su tiempo libre asomando el hocico al interior de los cochecitos de los bebés y era muy odiada por las niñeras descuidadas, a las que seguía hasta sus casas y luego se quejaba de ellas ante sus señoras. Demostró ser una joya de niñera. Qué meticulosa era a la hora del baño, lo mismo que en cualquier momento de la noche si uno de sus tutelados hacía el menor ruido. Por supuesto, su perrera estaba en el cuarto de los niños. Tenía una habilidad especial para saber cuándo no se debe ser indulgente con una tos y cuándo lo que hace falta es abrigar la garganta con un calcetín. Hasta el fin de sus días tuvo fe en remedios anticuados como el ruibarbo y soltaba gruñidos de desprecio ante toda esa charla tan de moda sobre los gérmenes y cosas así. Era una lección de decoro verla cuando escoltaba a los niños hasta la escuela, caminando con tranquilidad a su lado si se portaban bien y obligándolos a ponerse en fila otra vez si se dispersaban. En la época en que John comenzó a ir al colegio jamás se olvidó de su jersey y normalmente llevaba un paraguas en la boca por si llovía. En la escuela de la señorita Fulsom hay una habitación en el bajo donde esperan las niñeras. Ellas se sentaban en los bancos, mientras que Nana se echaba en el suelo, pero esa era la única diferencia. Ellas hacían como si no la vieran, pues pensaban que pertenecía a una clase social inferior a la suya y ella despreciaba su charla superficial. Le molestaba que las amistades de la señora Darling visitaran el cuarto de los niños, pero si llegaban, primero le quitaba rápidamente a Michael el delantal y le ponía el de bordados azules, le arreglaba a Wendy la ropa y le alisaba el pelo a John.

James Matthew Barrie: *Peter Pan*. Valdemar

ARTE Y LITERATURA

Entra en el canal YouTube y busca el tráiler subtitulado en español de la película *Peter Pan* (2013)y escribe en tu cuaderno:

- Quién es el protagonista de esta historia.
- Qué diferencias y semejanzas encuentras entre los tipos de personajes de *Peter Pan* y los que se muestran en la película.
- Qué tipo de paisajes y personajes se muestran. ¿Son reales o inventados?

ACTIVIDADES

1 Los dos textos se refieren a seres diferentes (en el primero un dragón y en el segundo un perro niñera), pero ¿en qué se parecen?

a. Los dos muestran los pensamientos y sentimientos de esos animales.

b. En el primero hay una descripción física y en el segundo una descripción de carácter.

c. El primero narra las acciones del dragón y el segundo describe físicamente al perro niñera.

2 En los dos textos aparecen los mismos tipos de verbos. Sigue el ejemplo y completa en tu cuaderno la tabla:

	Verbos de estado (ser, estar, mostrarse o similares)	Verbos de posesión (tener, mostrar o similares)
El espíritu eterno	La envergadura de sus alas es descomunal.	Luce unos pliegues solapados.
Peter Pan	Qué meticulosa era a la hora del baño.	Tenía una habilidad especial.

3 ¿En qué tiempo están la mayoría de los verbos en el *Espíritu eterno*? ¿Y en *Peter Pan*?

4 Otros de los elementos que aparecen con frecuencia en este tipo de textos son los adjetivos. Haz una lista con ocho adjetivos de cada texto y clasifícalos. ¿Qué texto presenta una mayor acumulación de adjetivos físicos (formas, tamaños, colores, materiales) y cuál de carácter (actitudes, pensamientos, costumbres)?

5 En lugar de adjetivos, a veces aparecen sustantivos que expresan cualidades. Por ejemplo, podemos decir «es una persona paciente» o «es una persona con paciencia». ¿Qué sustantivos de este tipo encuentras en ambos textos?

6 Según lo estudiado, ¿qué tipo de descripción se hace en cada texto?

7 Indica en tu cuaderno cuál de los siguientes ejemplos crees que corresponde con una metáfora, un símil o comparación, una personificación, una hipérbole o con el uso de sinónimos.

a. Impresionante y magnífico.

b. Se quejaba de ellas ante sus señoras.

c. Se vuelve rojo anaranjado, como cobre derretido.

d. Dejando transparentar los cartílagos que las unen, como las alas de los murciélagos.

e. Luce unos pliegues solapados y móviles que expande a voluntad como una corona alrededor del cuello.

8 Busca otros ejemplos en los textos. ¿Cuál es la figura o recurso que más abunda en ambos? ¿Por qué crees que es así?

9 A pesar de que los dos textos tienen un componente fantástico, uno es más realista que otro. ¿Cuál? ¿Por qué?

10 ¿Crees que estas descripciones son objetivas o subjetivas? En el caso de que creas que son descripciones subjetivas, ¿qué tipo de sentimiento crees que muestra el autor por el sujeto que aparece?

01 Los temas y tópicos de la literatura

La literatura, como parte de la tradición y la cultura de los pueblos, recoge las principales preocupaciones del ser humano y cómo se manifiestan sus emociones más profundas.

Estos son lo que llamamos **temas universales**, porque, más allá del espacio y del tiempo, siguen planteando a los que leen y oyen esas obras las mismas cuestiones fundamentales que el autor presentó.

El amor y la amistad

La literatura muestra todas las facetas y matices de las relaciones amorosas, que han llegado a formar tópicos:

- La ilusión del amor.
- El amor imposible.
- El amor loco.
- La decepción.
- El amor más allá de la muerte.
- El amor bueno.

> Hoy la tierra y los cielos me sonríen,
> hoy llega al fondo de mi alma el sol,
> hoy la he visto... La he visto y me ha mirado...
> ¡Hoy creo en Dios!
>
> Gustavo Adolfo Bécquer: *Rimas y leyendas*. Edelvives

> Julieta.—¡Romeo, Romeo! ¿Por qué eres tú Romeo? ¿Por qué no reniegas del nombre de tu padre y de tu madre? Y si no tienes valor para tanto, ámame, y no me tendré por Capuleto.
>
> William Shakespeare: *Romeo y Julieta*. Ediciones74

Pero el amor es un tema más amplio, que abarca las relaciones entre hermanos, entre padres e hijos y también la amistad.

La necesidad de cooperar, la lealtad, la traición, la confianza, el respeto, la independencia... son temas que la literatura trata desde distintos puntos de vista.

> Supo que sí, que ya estaba, cuando su madre abrió los brazos y él quedó sepultado por ellos en un amoroso y tierno gesto de cariño. Al que se sumó su padre.
>
> Jordi Sierra i Fabra: *Querido hijo: estamos en huelga*. Alfaguara

> —Entonces, ¿cómo te convenció para hacerlo?
> —Somos amigos. Ella es... era uno de los únicos amigos que tengo aquí. Me pidió que confiara en ella y me dijo que era por una buena causa, así que lo hice.
>
> Verónica Roth: *Leal*. Molino

La naturaleza

La naturaleza aparece en la literatura como marco en el desarrollo de la acción: algunas veces acompañando al autor en su ánimo, y otras como mero escenario.

A lo largo de la historia de la literatura se repite el tópico de una naturaleza agradable y acogedora, idealizada.

También puede aparecer como motivo principal, en distintas facetas, por ejemplo, la naturaleza puede ser cruel y salvaje, pero otras veces es el hombre el ser cruel del que hay que defender al planeta.

> Cerca del Tajo, en soledad amena,
> de verdes sauces hay una espesura
> toda de hiedra revestida y llena,
> que por el tronco va hasta la altura
> y así la teje arriba y encadena
> que el sol no halla paso a la verdura;
> el agua baña el prado con sonido,
> alegrando la vista y el oído.
>
> Garcilaso De la Vega. *Égloga III*
> Ediciones de la Torre

Dentro de los grandes temas de la literatura, hay algunas cuestiones que se repiten con especial frecuencia.

De este modo, se llaman **tópicos literarios** a ciertos recursos morfosintácticos, fónicos, léxicos o conceptuales que se repiten a lo largo de la historia de la literatura. Por ejemplo, el amor y la amistad, la naturaleza, el paso del tiempo y la muerte, el viaje...

El paso del tiempo y la muerte

La muerte y la fugacidad de la vida es otro de los temas fundamentales para el ser humano. Es frecuente, por ejemplo, comparar la vida con un río que corre hacia el mar.

> PLEBERIO.—Alisa, amiga, el tiempo, según me parece, se nos va, como dicen, entre las manos. Corren los días como agua de río. No hay cosa tan ligera para huir como la vida. La muerte nos sigue y rodea.
>
> Fernando DE ROJAS: *La Celestina.* Edelvives

Una de las reflexiones más conocidas sobre la muerte es el poder igualador que tiene: ante la muerte, todos somos iguales.

La muerte se ha personificado en numerosas ocasiones, unas veces como algo terrible y otras como un ser amable e incluso desdichado.

> PEREGRINA.—No os entiendo. Si os oigo quejaros siempre de la vida, ¿por qué os da tanto miedo dejarla?
>
> ABUELO.—No es por lo que dejamos aquí. Es porque no sabemos lo que hay al otro lado.
>
> PEREGRINA.—Lo mismo ocurre cuando el viaje es al revés. Por eso lloran los niños al nacer.
>
> Alejandro CASONA: *La dama del alba.* Castalia

En relación con el tema de la muerte, está, como contraposición, la exaltación de la vida en todas sus facetas: el vivir el momento y no esperar al mañana, la lucha por sobrevivir, el canto a la naturaleza como fuente de la vida...

> **Romance del prisionero**
>
> Que por mayo era, por mayo,
> cuando hace la calor,
> cuando los trigos encañan
> y están los campos en flor,
> cuando canta la calandria
> y responde el ruiseñor,
> cuando los enamorados
> van a servir al amor.
>
> *Romanceros.* Edelvives

Tópicos y música

La *Danza macabra*, de Camille Saint-Säens, es un poema sinfónico que representa a la muerte tocando el violín, a cuyo ritmo bailan los esqueletos, escena que se observa también en la pintura para reflejar la universalidad de la muerte.

Danza de la Muerte, de Michael Wolgemut.

Ortografía de los tratamientos formales

Al referirnos a personajes o personas reales, usamos muchas veces formas de tratamiento como «señor», «doña», «su alteza real»... Estas fórmulas deben aparecer en minúscula, salvo en los casos en que se refiera a un tratamiento formal específico, si se usan en su forma completa, pero en mayúscula si se emplean abreviadas: D. Carlos, Sr. Pérez, S.A.R. la princesa Isabel... En estos casos no olvides poner un punto tras ella.

El viaje

Son muchas las obras literarias que basan su estructura en el viaje. Se suele llamar «viaje iniciático» aquel en el que el protagonista madura y crece como persona, de manera que el viaje real, externo, simboliza un viaje a la búsqueda de la propia fuerza interior.

En otras ocasiones, este viaje se relaciona con el tema de la búsqueda y la realización de una misión, donde suele haber una lucha entre el bien y el mal.

> Mientras cantaban, el hobbit sintió dentro de él al amor de las cosas hermosas hechas a mano con ingenio y magia; un amor fiero y celoso, el deseo de los corazones de los enanos. Entonces algo de los Tuk renació en él: deseó salir y ver las montañas enormes, y oír los pinos y las cascadas, y explorar las cavernas, y llevar una espada en vez de un bastón. Miró por la ventana. Las estrellas asomaban fuera en el cielo oscuro, sobre los árboles. Pensó en las joyas de los enanos que brillaban en las cavernas tenebrosas.
>
> J. R. R. Tolkien: *El hobbit.* Minotauro

¿Qué libros o canciones conoces que hablen de alguno de los tópicos que acabas de estudiar?

ACTIVIDADES

1 ¿Puedes identificar los tópicos de este fragmento?

> Nuestras vidas son los ríos
> que van a dar en la mar,
> que es el morir;
> allí van los señoríos
> derechos a se acabar
> y consumir;
> allí los ríos caudales,
> allí los otros medianos
> y más chicos,
> y llegados, son iguales
> los que viven por sus manos
> y los ricos.
>
> Jorge Manrique: *Por una gentil adarga.* Edelvives

2 ✱ Copia en tu cuaderno las frases y escribe la forma de tratamiento correcta, tanto completa como abreviada:

a. La ...①... Darling y el ...②... Darling contrataron niñera.

b. He visto a ...③... Perfecto y a ...④... Simpatía paseando por el pueblo.

c. Todos fueron a la corte a presentar sus respetos a ...⑤... Alfonso XII.

3 ¿Con qué temas de la literatura asociarías estos textos? ¿En qué medida crees que el tema te resulta cercano?

> Sé por experiencia que, en general, si alguien te compadece, llega un momento en el que te pasa factura, y eso me parece espantoso. Además caes en la dependencia de los demás, al final, ya no sabes o no puedes desenvolverte solo.
>
> Asun Balzola: *La cazadora de Indiana Jones.* SM

> Si nuestro sino es encontrar las cosas que buscamos, las encontraremos… Tú el Río, yo mi Toro y los Fuertes Pilares, y otras cosas que se me han olvidado.
>
> —No son pilares, sino una Rueda de la cual yo me libraré.
>
> Rudyard Kipling: *Kim.* Ediciones del Sol

> Beth se sentó en el puesto de control de la Nave Interplanetaria BH, y colocó sobre su mesa el folio con la fórmula que habría recibido por correo electrónico. [...] Apenas disponía de treinta minutos y no estaba segura de que pudiese conseguirlo. La clave podía ser cualquier cosa: un nombre, su propio nombre, una relación de números o letras, una palabra concreta o cualquier cifra elegida al azar, pero solo disponía de un intento para comprobar si había acertado o no.
>
> Rafael Ábalos: *Kôt.* Mondadori

02 Los personajes universales

Al igual que ocurre con los temas, hay personajes tipo que se repiten a lo largo de la literatura y se clasifican según su importancia y evolución.

02.1 Según su papel en la trama

Los personajes se clasifican según su relación con el héroe o con sus enemigos.

	POSITIVO	NEGATIVO
Principales (imprescindibles para la acción)	Protagonista.	Antagonista.
Secundarios (menos importantes para la acción)	Auxiliar del protagonista. Ordenante de la misión. Donante (da objeto que ayuda) o guía del protagonista. Inocente al que proteger.	Auxiliar del antagonista (dificulta la misión del héroe).

De manera general, llamamos héroe al protagonista positivo de una trama. A partir de mediados del siglo XX, con la difusión del cómic, se extendió la figura del superhéroe. Son clásicas las figuras de Superman, Spiderman o Batman, entre otros.

En España se creó, como burla o parodia de los superhéroes, un personaje cómico llamado Superlópez.

02.2 Según su verosimilitud

Podemos distinguir entre personajes fantásticos y realistas, y en algunas ocasiones estos pueden convivir en la misma obra literaria.

Personajes fantásticos

Presentan rasgos que no son propios de personas reales. Puede tratarse de seres inventados o mitológicos, animales con características humanas o humanos con poderes especiales. También pueden encarnar ideas abstractas, como la muerte o la bondad. Algunos de estos personajes forman parte de la tradición, como puede ser el caso de dragones, unicornios o vampiros.

> —En Idhún, los magos lo son porque alguna vez los ha tocado un unicornio —explicó Victoria en voz baja.
>
> —Los unicornios canalizan la energía del mundo y la entregan al futuro mago, el «recipiente», a través de su cuerno —asintió Shail—. Los semimagos son aquellos que han visto un unicornio, pero este no ha llegado a rozarlos.
>
> Laura GALLEGO: *Memorias de Idhún: La Resistencia.* SM

Personajes realistas

Son aquellos que no son reales, aunque podrían serlo.

> Y yo le dije que de eso nada, que yo era el mayor y era el que elegía, y que el abuelo de siempre había sido más mío porque llegué antes a este planeta. Nos pusimos a pelearnos nosotros también y mi abuelo nos dijo que no nos hiciéramos ilusiones, que en nuestra casa no teníamos dinero para separarnos unos de otros y que, entonces, más nos valía llevarnos bien. Y lo dijo tan en serio que todos nos callamos.
>
> Elvira LINDO: *Mejor Manolo.* Seix Barral

El grado máximo de verosimilitud se da cuando el personaje existió en la realidad, pero el autor los incluye en una obra ficticia.

> Un año más, tras unas cortas vacaciones de verano en su pueblo de origen, Fernando de Rojas volvía a Salamanca con el propósito de proseguir sus estudios. Antes de cruzar con su mula el puente romano, se detuvo un momento para contemplar la ciudad al otro lado del río.
>
> Luis GARCÍA JAMBRINA: *El manuscrito de piedra.* Alfaguara

02.3 Según su evolución

Una de las clasificaciones más importantes en lo que se refiere a los personajes radica en su evolución psicológica a lo largo de la obra.

Personajes planos

Hay personajes que no cambian a lo largo de una obra literaria en lo que se refiere a su evolución psicológica. A estos personajes se les llama planos, porque solo tienen una cara: son valientes o malvados, simpáticos o antipáticos... Su personalidad cumple una función en la obra literaria. En los cuentos tradicionales, hay personajes que se repiten e incluso su aspecto suele ser similar en unas historias y en otras: las princesas hermosas e inocentes, las brujas malvadas de nariz ganchuda... Decimos entonces que son **personajes típicos o tipos**.

> Me imagino a la joven que el rey encuentra en el bosque como una doncella blanca y esbelta, de cabellos de oro y ojos tan dulces que enternecen el corazón del rey hasta el punto de que la toma por esposa. Me imagino a la malvada madre del rey como una bruja de nariz corva y ojos de águila, ojos duros y crueles, pues muy cruel debe de ser una abuela que hechiza a sus seis nietos transformándolos en cisnes. Y a la hermanita, quien devuelve su figura humana a cinco de aquellos seis niños hechizados por su abuela mientras su padre estaba en la guerra, la imagino como una muchacha morena con la mirada centelleante de las hadas. Y sobre todo veo al caballero que en su barca, guiada por su hermano cisne, va por el mundo en defensa de los desvalidos e inocentes...
>
> Antonio Martínez Menchén: *La espada y la rosa*. Alfaguara

Los personajes tipo no solo aparecen en los cuentos tradicionales, sino también en obras realistas como muestra de una cualidad (el avaro, el loco enamorado, el gracioso, el sabio...) o de un grupo social (el mendigo, el pirata, el criado, el ciego, el pícaro, el forastero...). Esto es especialmente frecuente en el teatro, en los casos en que se pretendía que el público identificara rápidamente el tipo en cuestión.

> Harpagón.—*(Creyéndose solo.)* Sin embargo, no sé si habré hecho bien enterrando en mi jardín los diez mil escudos que me devolvieron ayer. Diez mil escudos de oro en casa de uno son una suma bastante... *(Aparte, al ver a Elisa y a Cleanto.)* ¡Oh, cielos! ¿Me habré traicionado a mí mismo? ¡Arrebatado por el furor, creo que he hablado en voz alta al razonar a solas! *(A Cleanto y a Elisa.)* ¿Qué pasa?
>
> Molière: *El avaro*. Alianza Editorial

Personajes redondos

Son aquellos que evolucionan psicológicamente a lo largo de la obra en la que aparecen. Se los llama redondos porque muestran muchas caras o facetas y, por tanto, tienen un comportamiento más cercano a la realidad.

Los personajes, en especial los planos, van ligados a los papeles y funciones que suelen desarrollar en la obra: las brujas suelen ser antagonistas, las hadas auxiliares del héroe, los caballeros protagonistas...

En el siglo xix, en la época del Romanticismo, los autores pintaron a tipos despreciados por la sociedad (como el pirata o el mendigo) como héroes que son capaces de anteponer su libertad a las normas sociales.

Grabado del pirata Barbanegra, quien surcó el mar del Caribe sembrando el terror entre 1716 y 1718.

02.4 Los personajes universales

Hay personajes concretos de obras literarias que han alcanzado tanta fama que han llegado a convertirse en modelo para otros que presentan los mismos rasgos que ellos. Es más, hay personajes cuyos nombres han pasado de ser propios a ser comunes, y por tanto se utilizan como sustantivos que designan a una clase de persona. En su origen, no podemos decir que sean personajes tipo, pues presentan profundidad psicológica suficiente para ser considerados redondos.

Celestina

Celestina o *Tragicomedia de Calisto y Melibea* fue escrita en 1499 por Fernando de Rojas. El personaje llamado Celestina tiene como oficio ayudar a conquistar a enamoradas, y por eso Calisto, a través de su criado Sempronio, la contrata para conseguir el amor de Melibea. Hoy en día decimos que alguien es «una celestina» cuando pretende crear parejas.

> SEMPRONIO.—Así es. Calisto arde en amores por Melibea. De ti y de mí tiene necesidad. Si los dos juntos le hacemos falta, juntos nos beneficiaremos.
>
> CELESTINA.—Bien has hablado; enterada estoy. De una ojeada me doy cuenta de todo. Digo que me alegro de estas noticias como los cirujanos de los descalabrados; e igual que aquellos al principio empeoran las heridas para que la promesa de curación tenga más mérito, así me propongo actuar con Calisto. ¡Tú me entiendes!
>
> Fernando DE ROJAS. *La Celestina*.
> Versión adaptada de editorial Anaya

Don Juan

Aparece en obras de distintos países y se presenta como un seductor al que no le importa el amor, sino la conquista de las mujeres.

Sin embargo, en la versión española más conocida, del siglo XIX, acaba enamorándose de la monja doña Inés y eso hace que se convierta en una buena persona.

> D. LUIS.—¡Por Dios, que sois hombre extraño!
> ¿Cuántos días empleáis
> en cada mujer que amáis?
>
> D. JUAN.—Partid los días del año
> entre las que ahí encontréis.
> Uno para enamorarlas,
> otro para conseguirlas,
> otro para abandonarlas,
> dos para sustituirlas
> y una hora para olvidarlas.
>
> José ZORRILLA: *Don Juan Tenorio*. Edelvives

Lazarillo de Tormes

El protagonista que cuenta su vida en *La vida de Lazarillo de Tormes* y de sus fortunas y adversidades, obra del siglo XVI de la que se desconoce el autor, es un pícaro: un muchacho que se ve obligado a aguzar su ingenio para, en los límites de lo legal, sobrevivir en un mundo cruel. Conforme pasa el tiempo y sirve a varios amos, va subiendo de escala social. Su primer amo es un ciego, y de ahí surge el llamar «lazarillo» a las personas o animales que guían a ciegos.

La figura del pícaro ha pasado a ser universal. En el siglo XVII hubo toda una corriente de «novela picaresca», y hasta hoy es familiar ese personaje que para subsistir recurre a trampas y engaños, saliéndose de la ley por necesidad, y que es visto con simpatía por los lectores y espectadores.

Don Quijote

Es el personaje español más universal desde que se hizo famoso con la publicación de la novela *El ingenioso hidalgo don Quijote de la Mancha*, en 1605. Este personaje, inicialmente llamado Alonso Quijano y que después se convertirá en don Quijote, parece una caricatura de aquellos que se vuelven locos al creer que son ciertas las historias maravillosas que leen. Pero no es solo un loco del que burlarse: su ilusión por hacer del mundo un lugar mejor, a pesar de chocar con la dura realidad, hace que sea un personaje lleno de grandeza. Su vecino Sancho, que lo acompaña en sus aventuras, es la voz realista que se contrapone a su idealismo.

ACTIVIDADES

1 Lee las transformaciones que hace Alonso Quijano para convertirse en don Quijote, y contesta a las siguientes preguntas.

a. ¿A qué personajes típicos intenta imitar el protagonista?

b. ¿Hasta qué punto es importante el nombre de los personajes para que se adapten al tipo de literatura en que aparecen? Di qué nombre pondrías a:

- Un superhéroe que lee la mente.
- Una capitana de una nave estelar.
- Una anciana que vive en una cueva.
- Un ladrón de joyas.

Cuatro días se le pasaron en imaginar qué nombre le pondría; porque, según se decía él a sí mismo, no era razón que caballo de caballero tan famoso, y tan bueno él por sí, estuviese sin nombre conocido [...]. Y así, después de muchos nombres que formó, borró y quitó, añadió, deshizo y tornó a hacer en su memoria e imaginación, al fin le vino a llamar Rocinante: nombre a su parecer alto, sonoro y significativo de lo que había sido cuando fue rocín, antes de lo que ahora era, que era antes y primero de todos los rocines del mundo.

Puesto nombre, y tan a su gusto, a su caballo, quiso ponérsele a sí mismo, y en este pensamiento duró otros ocho días, y al cabo se vino a llamar don Quijote [...]. Pero, acordándose que el valeroso Amadís no solo se había contentado con llamarse Amadís a secas, sino que añadió el nombre de su reino y patria [...] y se llamó Amadís de Gaula, así quiso, como buen caballero, añadir al suyo el nombre de la suya y llamarse don Quijote de la Mancha. [En cuanto a la dama], llamábase Aldonza Lorenzo, y a esta le pareció ser bien darle título de señora de sus pensamientos; y, buscándole nombre que no desdijese mucho del suyo y que tirase y se encaminase al de princesa y gran señora, vino a llamarla «Dulcinea del Toboso» porque era natural del Toboso: nombre, a su parecer, músico y peregrino y significativo, como todos los demás que a él y a sus cosas había puesto.

Don Quijote de la Mancha. cvc.cervantes.es

2 Lee las siguientes sinopsis de películas extraídas de www.elseptimoarte.net e intenta clasificar a los personajes que aparecen en ellas según su papel en la trama y su verosimilitud.

Big Hero 6 (2014)

Aventura de comedia y acción sobre Hiro Hamada, un brillante prodigio de la robótica que se encuentra atrapado en una trama criminal que amenaza con destruir la apresurada y tecnológica ciudad de San Fransokyo. Con la ayuda de su compañero más cercano —un robot llamado Baymax—, Hiro une fuerzas con un reacio equipo de primerizos luchadores contra el crimen en una misión para salvar su ciudad.

E. T. El extraterrestre (1982)

Un pequeño ser de otro planeta se queda abandonado en la Tierra cuando su nave se marcha olvidándose de él. Tiene miedo. Está completamente solo, pero se hará amigo de un niño, que lo esconde en su casa. El niño y sus hermanos intentarán encontrar la forma de que el pequeño extraterrestre regrese a su planeta antes de que los científicos y la policía lo encuentren.

3 Algunos personajes de libros han viajado frecuentemente a través de diversas obras artísticas. Mira las siguientes imágenes e intenta reconocer los personajes universales en ellas.

Retrato realizado por Pablo Picasso.

Pintura realizada por Francisco de Goya.

Película dirigida por Vincent Sherman.

4 Haz una breve descripción de uno de estos tipos:

a. El sabio.

b. El hada madrina.

c. El detective privado.

d. El mayordomo.

e. El príncipe.

5 ¿Recuerdas qué es una écfrasis? Realiza una de la pintura de Pablo Picasso.

6 Relaciona en tu cuaderno los siguientes personajes universales con la característica que se les atribuye.

a. Sherlock Holmes	• Valentía
b. Frankenstein	• Seducción
c. Peter Pan	• Conciencia
d. Pepito Grillo	• Avaricia
e. Gollum	• Miedo a crecer
f. James Bond	• Inocencia
g. Campanilla	• Mentira
h. Frodo	• Celos
i. Robin Hood	• Sagacidad
j. Pinocho	• Justicia

7 Busca en Internet la pintura de José de Ribera llamada *Tacto.* Después, a partir de la lectura del siguiente texto extraído de la novela *La vida de Lazarillo de Tormes,* y de la observación de la pintura, interpreta la escena del Lazarillo y de su amo ciego. ¿Qué nos cuenta cada uno de los textos literario y plástico? ¿Qué detalles resalta la pintura de Goya que no has leído en el texto literario?

Usaba poner cabe sí un jarrillo de vino, cuando comíamos, y yo, muy de presto, le asía y daba un par de besos callados y tornábale a su lugar. Mas turome poco, que en los tragos conocía la falta y, por reservar su vino a salvo, nunca después desamparaba el jarro, antes lo tenía por el asa asido. Mas no había piedra imán que así trajese a sí como yo con una paja larga de centeno que para aquel menester tenía hecha, la cual, metiéndola en la boca del jarro, chupando el vino, lo dejaba a buenas noches. Mas, como fuese el traidor tan astuto, pienso que me sintió, y dende en adelante mudó propósito, y asentaba su jarro entre las piernas, y atapábale con la mano, y así bebía seguro.

Lazarillo de Tormes. Edelvives

8 Compara las pinturas de Goya y Ribera en su representación del Lazarillo. ¿Qué características aporta cada uno de los pintores a la figura de este personaje y su primer amo, el ciego?

El retrato

En la cama, escultura hiperrealista de Ron Mueck.

Tu turno

1 Mira la imagen de la escultura *En la cama* y realiza un retrato tanto de la escultura como de la mujer que la está observando. Recuerda que un retrato consiste en describir el aspecto físico y psicológico de una persona. Para ello, utiliza tu intuición e imaginación y piensa cómo pueden ser ambas mujeres.

Sigue los pasos indicados a continuación en el proceso de escritura:

Observación

Observa atentamente la cara y el cuerpo de ambas mujeres, y trata de intuir qué piensan y cómo son.

Organización

Organiza los diferentes elementos que vas a describir, atendiendo al lugar y a las personas que están en la sala.

Estructura el contenido en una secuencia lógica. En primer lugar, describe una de las mujeres: empieza por la parte física (de arriba hacia abajo, o a la inversa), incluyendo sus gestos y características, y luego de manera psicológica. Finalmente, describe a la otra mujer.

Escritura

Redacta el retrato aplicando las técnicas descriptivas de este tipo de textos.

Revisión

Revisa tu texto tanto al final del proceso como a lo largo del mismo, reajustando y rectificando lo escrito respecto a:

a. La intención descriptiva.

b. El estilo

c. La ortografía.

La topografía

ANIMACIÓN A LA ESCRITURA

Accede a YouTube y busca el tráiler en español de *Viaje al centro de la Tierra* (publicado por Trailers de cine), protagonizado por Brendan Fraser y basada en el libro homónimo de Julio Verne. Después, explica qué tópico literario y qué personajes hay en la película según su papel y verosimilitud. ¡No te olvides de que los personajes no son solo los actores!

Tu turno

1 A partir del vídeo de *Viaje al centro de la Tierra*, vais a trabajar la descripción en grupos de tres. Cada grupo inventará el nombre de al menos tres objetos, plantas o seres que se pueden encontrar en el centro de la Tierra, como, por ejemplo, «fosforita plasticosa» o «tricuernisaurio». A continuación, todos los nombres se echarán en una bolsa, se removerán bien y se volverán a repartir (tres para cada grupo). Durante diez minutos, cada grupo hará una breve descripción de unas diez líneas de la realidad que les ha correspondido, teniendo en cuenta que:

- Para los seres animados hay que incluir **características físicas y psicológicas.**
- Una parte de **la descripción será objetiva y otra subjetiva**. Para ello, tenéis que expresar vuestros sentimientos y sensaciones ante esa realidad como si fuerais uno de los protagonistas de la película.
- Hay que incluir **comparaciones y metáforas,** y, opcionalmente, hipérboles, acumulaciones de sinónimos...
- Los **verbos** utilizados y los **adjetivos y sustantivos** han de ser los propios de una descripción. Además, debéis intentar que la descripción sea conveniente para el nombre inventado que nos ha correspondido.

Para realizar la actividad cada alumno hará un borrador de la descripción del nombre que ha cogido. Después, la leerá a los compañeros de grupo, quienes harán sugerencias y observaciones. Finalmente, cada uno copiará en limpio la nueva versión para ser leída.

Pedro, un niño que se enrola como grumete en uno de los barcos de Colón, te redescubrirá con su mirada curiosa esta aventura histórica en *Al otro lado de la esfera*, de la editorial Edelvives.

EVALUACIÓN

¿Habéis hecho una topografía correcta? ¿Cuántas de estas afirmaciones son ciertas?

- Es una descripción objetiva y subjetiva.
- Están incluidas las comparaciones, metáforas…
- Tiene un orden lógico.
- Hay verbos, adjetivos y sustantivos propios de una descripción.

EVALUACIÓN

Mi padre era un jugador de ventaja, un estafador, un farsante, un pícaro, un charlatán y un mentiroso, entre otras muchas cosas de similar catadura. Y no lo digo con malicia, sino por respeto a la verdad. Tal era la profesión de mi padre: se ganaba la vida con los naipes, o timando al prójimo, o dedicándose al contrabando, o con cualquier otra tarea situada unos cuantos pasos más allá de la frontera que trazan las leyes.

Desde mucho antes de mi nacimiento, Fernando Mercader era conocido por su astucia e inteligencia, pero también por su mala cabeza. Siendo aún muy joven ya frecuentaba las timbas ilegales, apostaba en las carreras de caballos y organizaba combates de boxeo clandestinos. Luego, tras el fracaso de su matrimonio, careciendo de oficio y trabajo, con un bebé a su cargo y sin ningún futuro, decidió dedicar un año, el año que yo pasé al cuidado de un ama de cría, a perfeccionar sus habilidades. Después, convertido ya en un tahúr profesional, nos trasladamos a Madrid en busca de nuevos horizontes.

Y no cabe duda de que era bueno en la peculiar profesión que había escogido, porque, gracias a su ingenio y a la agilidad de sus dedos, logramos vivir con razonable comodidad en la capital durante más de diez años.

César Mallorquí: *La cruz de El Dorado*. Edebé

1 ¿Este texto refleja una prosopografía, una etopeya, un retrato o una caricatura? Explica por qué.

2 ¿Cómo imaginas a Fernando Mercader? Haz una descripción física por escrito, usando los recursos que has aprendido. Si lo representaras en un cuadro, ¿qué ropa le pondrías? Busca una imagen de algún pintor del siglo XVI o XVII que te parezca que representa a este personaje.

3 A partir de la información del texto, contesta: ¿qué es un *tahúr*?

4 Ordena cronológicamente los hechos que aparecen en el texto. ¿Cómo crees que afectaron a la vida de Fernando Mercader?

5 En el texto se usan muchos sustantivos que sirven para describir y que se relacionan con adjetivos. Localízalos y después realiza comparaciones o símiles para completar esos adjetivos: *ágil como…*

6 ¿A qué crees que se refiere la palabra *frontera*? ¿Cómo se llama la figura literaria por la que expresamos una comparación de dos términos que, aparentemente, no tienen relación entre sí?

7 Busca en el texto una enumeración de sinónimos utilizada para describir al personaje y explica qué diferencia de matices de significado (recuerda que los sinónimos no son siempre exactos) hay entre ellos.

8 El personaje descrito, ¿de qué tipo es según su grado de verosimilitud? Explica por qué.

9 ¿A qué personaje típico de los descritos en el tema pertenece Fernando Mercader? Si fuera un personaje redondo, ¿qué cambios crees que podría sufrir a lo largo de la novela?

10 ¿Qué sentimientos te provoca la descripción de Fernando Mercader?

EVALUACIÓN

1 Copia en tu cuaderno este mapa conceptual y complétalo con los tipos de personajes según su papel, verosimilitud y evolución.

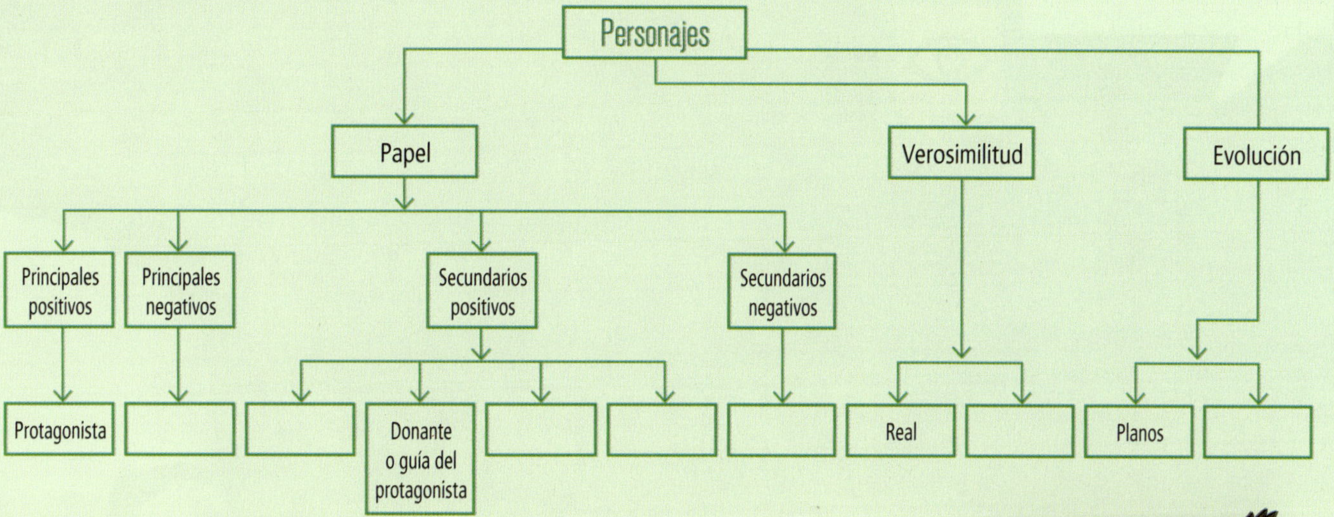

2 ¿Cuáles son los tópicos asociados al amor y la amistad, la vida y la muerte, la naturaleza y el viaje?

3 Pon un ejemplo de la vida cotidiana donde se pueda aplicar el tópico literario de «el tiempo huye» y el de «amor más allá de la muerte»?

4 ¿Cuáles son los cuatro personajes reconocidos como «universales» que han surgido de la literatura española? Nombra tres personajes más de literatura de otros países que conozcas y sean conocidos universalmente por dar lugar a un tipo. ¿Conoces manifestaciones artísticas de pintura o música que los recojan?

5 Haz una descripción oral física objetiva y una subjetiva de un personaje famoso. ¿Qué diferencias encuentras entre esas dos descripciones?

6 ¿Cuál es la intención del autor en una caricatura?

7 ¿Qué rasgos propios de los textos descriptivos encuentras en el siguiente texto?

> Ambos habían nacido el mismo día, pero aquí se acababa el parecido entre ellos: Viana de Rocagrís había visto la luz de su primer amanecer en cuanto abrió los ojos, grises como el alba, y su pelo era del color de la miel más exquisita. Pero no pareció impresionarle demasiado el hecho de nacer, ya que pasó el resto del día durmiendo, y con el tiempo demostró ser un bebé dócil y somnoliento que dedicaba encantadoras sonrisas a todo el mundo. Robian de Castelmar, por el contrario, había llegado al mundo horas más tarde, cuando la noche ya se abatía sobre la tierra, y era un chiquillo inquieto y llorón, con una indomable mata de pelo castaño que con los años se encresparía, enmarcando un rostro afable y apuesto.
>
> Laura Gallego: *Donde los árboles cantan.* SM

DIARIO DE APRENDIZAJE

¿Qué actividades de la unidad me hubiera gustado realizar con mis compañeros?

03 Me gustas cuando callas

¿En qué aspectos o puntos de esta unidad creo que podría ayudar a mis compañeros?

1 ¿Qué sabes del *Quijote*?

2 ¿Has visto alguna película sobre su historia?

3 ¿Se podría decir que Alonso Quijano fue una especie de superhéroe de la época? ¿Cómo sería un superhéroe español hoy en día?

Accede al canal YouTube y busca la introducción al tema sobre el *Quijote* cantado por Zénit, publicado por Daniel Pascual. Después responde a las preguntas.

1 ¿Reconoces en la canción que escuchas alguna parte que conozcas del *Quijote*? ¿Cuál crees que puede ser?

2 ¿Crees que se podrían pasar otros textos clásicos de la literatura española a una versión *hip-hop*?, ¿cuáles?

3 ¿Crees que hay textos que sería imposible pasar a este género musical? Cita al menos dos de ellos.

4 Si para escribir una novela se necesita tener un buen conocimiento del léxico de la lengua, este conocimiento no será menor en el caso de la canción de *hip-hop*. Pero ¿qué más elementos se necesitan para componer canciones de este género musical? ¿Podrías describir algún tipo de gestos que acompañen la interpretación de esta clase de composiciones musicales?

5 En nuestra sociedad, además, se asocia el movimiento *hip-hop* con una vestimenta determinada. Señala, al menos, tres elementos de la misma.

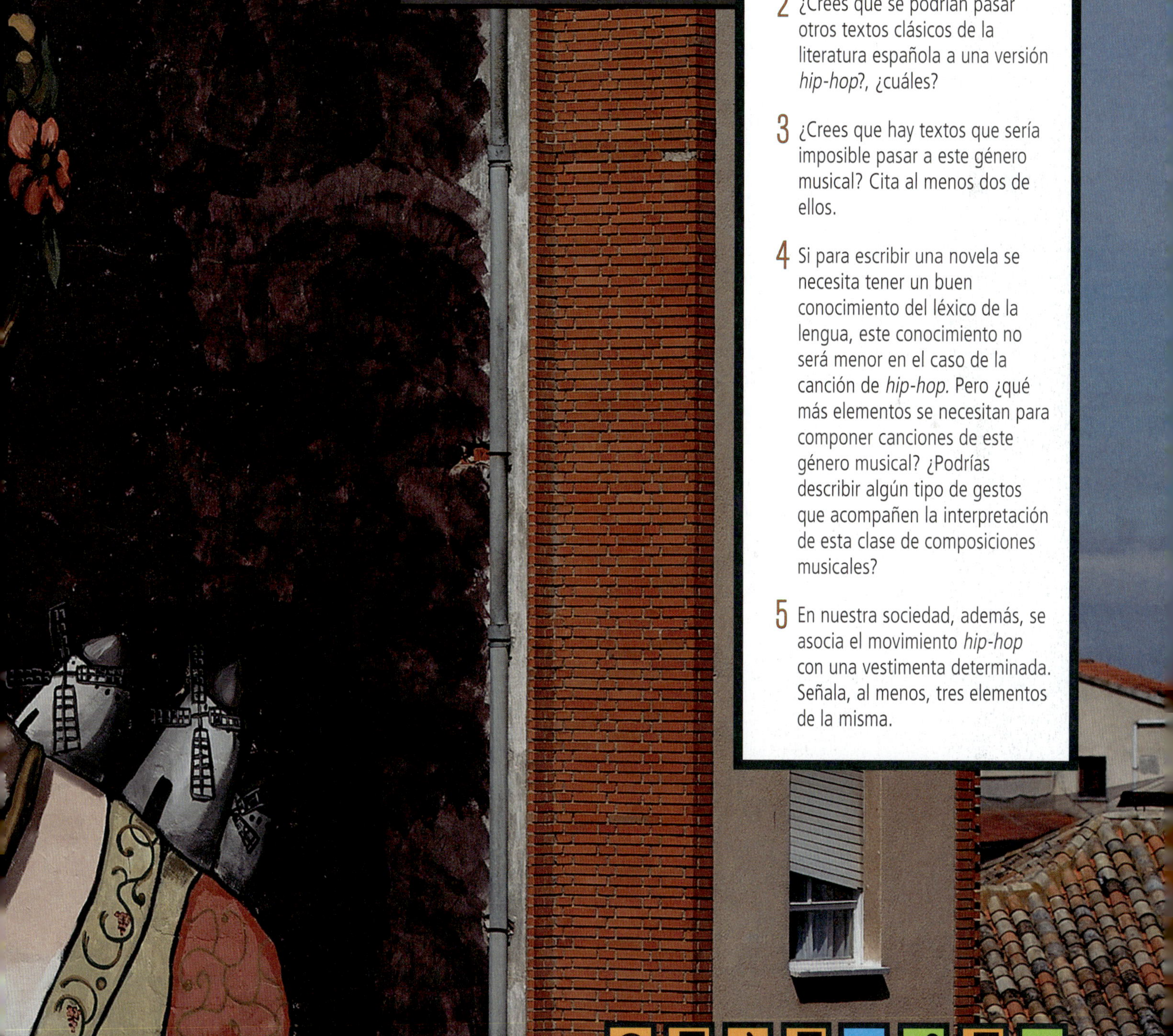

ESCUCHAR Y HABLAR

La canción *hip-hop*

La lírica es el género literario, normalmente en verso, que expresa mediante ritmo e imágenes los sentimientos y emociones del autor. La forma más habitual de la lírica es el **poema lírico**, pero también existe el **poema narrativo** y el **poema teatral**.

La **canción** es otra variante del género lírico. Casi siempre en verso, se acompaña de música y de voz y trata multitud de temas, aunque el amoroso es el más habitual. Su estructura tradicional es:

Introducción + estrofa + estribillo + estrofa + estribillo + puente musical + estribillo

Sin embargo, no todos los poemas ni todas las canciones contienen una estrofa o estribillo que se repita. Así ocurre con la canción ***hip-hop***.

Esta nació en Estados Unidos en la década de 1970, y es una de las manifestaciones musicales más representativas del siglo pasado. Su ámbito de creación es la cultura urbana, y en ella se denuncian y comentan temas de crítica social, principalmente.

Estas canciones tienen una gran complejidad rítmica. No se basan tan solo en la estructura repetitiva de un estribillo, sino que pueden partir de un texto en prosa, como es el caso de *El Quijote*, y crear un ritmo con otros elementos no verbales: la expresión, la rapidez con la que se dicen las palabras, la música que acompaña a la canción...

Otra de las características principales del género lírico es la rima. No obstante, pueden existir poemas que no la tengan y que se acerquen a lo que se conoce como **prosa poética**, es decir, aquella en la que aparecen recursos propios de la poesía, como el ritmo y la acumulación de figuras literarias. Por eso, algunas veces no es tan fácil distinguir entre poesía y prosa.

PROSA POÉTICA	ADAPTACIÓN A VERSO
Platero es pequeño, peludo, suave; tan blando por fuera, que se diría todo de algodón, que no lleva huesos. Juan Ramón Jiménez. *Verde verderol* Edelvives	Platero es pequeño, peludo, suave; tan blando por fuera, que se diría todo de algodón, que no lleva huesos.

Esta distribución en verso se asemeja a la que encontramos en los poemas de **verso libre**, es decir, aquellos que no están sujetos ni a una rima ni a una medida de versos fijas.

Subgéneros de la poesía

Oda: tiene un tono de alabanza o admiración.

Elegía: llanto o queja por la pérdida de un ser querido. Suele ir unido a la reflexión sobre el paso del tiempo y la muerte.

Égloga: protagonizada por pastores que se encuentran en un paisaje idealizado, tiene un tono amoroso.

Sátira: critica, muchas veces con humor, costumbres sociales o de un individuo.

Un **estribillo** es un recurso utilizado tanto en canciones como en poemas y que se basa en la repetición de las palabras que contiene un conjunto de versos. Esta repetición crea un ritmo, que todo oyente puede reconocer.

El uso del estribillo aparece principalmente en **composiciones poéticas cantadas**, propias de la literatura castellana, como los romances o los villancicos.

¿A qué género crees que pertenece la canción sobre el *Quijote* de Zenit?

Tu turno

1 Lee la transcripción de la versión *hip-hop* del primer capítulo del *Quijote*. ¿Tiene la forma tradicional de un poema? Si lo fuera, ¿qué tipo de rima tendría?

Fíjate en que no tiene la forma típica de un poema, sino de la prosa; y tampoco hay ningún signo de puntuación con el fin de que reconozcas el ritmo que el cantante le imprime al texto del *Quijote*. Para ello, ten en cuenta los siguientes pasos:

Escucha y lectura

Escuchad el audio. Después por parejas, leed el texto en voz alta.

División del texto

Marcad con una barra inclinada (/) el lugar en el texto en el que creáis que se cambia de verso. Se trata de dividir el texto como si fuera un poema.

Comprobación

Una vez que tengáis el texto dividido con las barras inclinadas, leedlo de nuevo en voz alta. Pensad que estas indican las pausas que habéis acordado entre los dos. Comprobad que tiene ritmo y que la división tiene sentido al expresarse en voz alta.

Lectura con ritmo *hip-hop*

Leedlo de nuevo, pero aumentando la velocidad de lo que se expresa. Cantadlo más rápido de lo que sería el paso normal de una canción.

Invención de versos

Escoged una de las divisiones anteriores e inventad un par de versos.

> En un lugar de la Mancha cuyo nombre recordar no quiero yo comienzo que esta historia del Hidalgo de antigua adarga flaco rocín y corredor galgo convertido en andante caballero retales de viejos metales fueron su armadura y un equino lleno ya de males su cabalgadura llano el escudero compañero de aventuras y una moza labradora el objeto de sus locuras.

AUTOEVALUACIÓN

Evalúa la actividad que acabáis de realizar tu compañero y tú comprobando que habéis cumplido con los siguientes puntos.

1 El texto está dividido de manera lógica en versos.

2 El poema creado tiene ritmo.

3 La lectura ha sido rápida, pero con una pronunciación comprensible.

4 La entonación ha sido la adecuada.

5 La expresión corporal ha sido la correcta, propia del *hip-hop*.

LEER

Soneto XXIII y Desaparecerte

Observa el cuadro de Gustav Klimt y explica qué crees que simboliza. Después, lee los poemas y di a cuál crees que se puede asociar y por qué.

Soneto XXIII

En tanto que de rosa y de azucena
se muestra la color en vuestro gesto,
y que vuestro mirar ardiente, honesto,
con clara luz la tempestad serena;

y en tanto que el cabello, que en la vena
del oro se escogió, con vuelo presto
por el hermoso cuello blanco, enhiesto,
el viento mueve, esparce y desordena:

coged de vuestra alegre primavera
el dulce fruto antes que el tiempo airado
cubra de nieve la hermosa cumbre.

Marchitará la rosa el viento helado,
todo lo mudará la edad ligera
por no hacer mudanza en su costumbre.

Garcilaso De la Vega: *Sonetos*. Linkgua

Desaparecerte

Hace tiempo que estoy eliminando
todo recuerdo puesto de tu parte.
Cada noche desvelo mi descanso
y atravieso la orgía de las sombras.
Me dirijo al objeto sentenciado
en mi interior, algunas horas antes.

Nadie lo encontrará ya en su lugar.

Un reloj que marcaba tu partida
y siempre se negó a marchar de nuevo.
Libros que se hacían pasar por míos
en el revuelo de una estantería.
Un papel con tu letra de algas rojas
escondido entre cartas y poemas.
Una caja de música que ataba
tu risa bailarina a sus canciones…

Nada que abrigue restos de tu tacto
verá la luz del día que amanece.

Eugenio Maqueda
http://poetassigloveintiuno.blogspot.com.es

ESTRATEGIAS DE LECTURA

¡Armonízate!

Con las siguientes estrategias ayudarás a tu organismo a equilibrarse con respecto al tiempo:

- Coge un cronómetro, cierra los ojos y empieza a contar hasta diez en el mismo momento que lo pulses para cronometrarte. Si cuentas más deprisa, probablemente estés mentalmente acelerado.
- Piensa que no todo lo inmediato es bueno.
- Recapacita sobre si tu caligrafía es mejor cuando escribes rápido o cuando te tomas el tiempo necesario.
- Desconecta del móvil, de Internet, de la televisión y de la videoconsola media hora al día. Dedícala a leer, aunque no sea literatura, y mejor en papel.
- No exijas respuestas rápidas. El «aquí» y «ahora», por ejemplo en el WhatsApp, te generará más ansiedad y te perjudicará a la hora de concentrarte.
- No te apresures leyendo. No por correr más lo habrás hecho mejor.

MÁS QUE PALABRAS

1 Asocia palabras del poema de Garcilaso con el significado real que le da el autor (metáforas).

a. Primavera = juventud
b. Oro =
c. Nieve =
d. Rosa =

2 La familia léxica es un conjunto de palabras de distintas categorías gramaticales que comparte la misma raíz léxica (familia léxica de quemar: *quemar, quemadura, quemo, quemado...*); el campo semántico es un conjunto de palabras de la misma categoría gramatical relacionado con un mismo tema (campo semántico de felinos: *gato, tigre, león...*). Escribe un campo léxico y otro semántico de tres palabras como mínimo para cada uno de los poemas.

3 Copia este texto en tu cuaderno y complétalo con palabras que aparecen en el segundo poema.

El ...①... marca las horas del ...②... de hoy como un ...③... de palomas que vuelan como sombras en la ...④....

ACTIVIDADES

1 El poema de Garcilaso de la Vega trata sobre:

a. El amor que siente un hombre por una mujer morena y joven.
b. La invitación del poeta a una mujer de piel clara y pelo rubio a que aproveche su juventud.
c. La descripción de una joven hermosa de piel pálida y ojos negros.
d. El amor, la vida, la juventud, la muerte, la belleza y la poesía.

2 El poema de Eugenio Maqueda versa sobre:

a. Una relación de pareja triste que acaba con el distanciamiento del protagonista y su amante.
b. El despecho que siente el protagonista al sentirse traicionado por su pareja.
c. La necesidad de deshacerse de los recuerdos de una mujer: unos libros, unas letras, una caja de música.
d. Del desamor y los celos.

3 ¿Qué tienen en común los dos poemas?

a. La métrica.
b. Los versos.
c. Que van dirigidos a una mujer.
d. Que hablan de desamor.

4 En el poema de Garcilaso, el viento helado hace referencia a:

a. El transcurrir del tiempo.
b. La temperatura del ambiente.
c. El clima.
d. El lugar donde se encuentran.

5 «Cubra de nieve la hermosa cumbre» es un verso que significa «antes de que el cabello se vuelva blanco, antes de que se note la edad a través de las canas».

a. Verdadero.
b. Falso.

6 ¿Cuáles son los objetos clave en el segundo poema? Localízalos y forma una frase con ellos.

LEER

El universo sobre mí

Vas a leer la letra de una canción de Amaral. Observa la escultura. ¿Qué crees que simboliza? ¿Qué sentimientos te provoca?

Solo queda una vela
encendida en medio de la tarta
y se quiere consumir.

Ya se van los invitados
tú y yo nos miramos
sin saber bien qué decir.

Nada que descubra lo que siento
que este día fue perfecto y parezco tan feliz
nada como que hace mucho tiempo
que me cuesta sonreír.

Quiero vivir, quiero gritar
quiero sentir el universo sobre mí
quiero correr en libertad
quiero encontrar mi sitio.

Una broma del destino
una melodía acelerada
en una canción que nunca acaba.

Ya he tenido suficiente
necesito a alguien que comprenda
que estoy sola en medio de un montón de gente...

Qué puedo hacer...

Quiero vivir, quiero gritar
quiero sentir el universo sobre mí
quiero correr en libertad
quiero llorar de felicidad.

Quiero vivir
quiero sentir el universo sobre mí
como un náufrago en el mar
quiero encontrar mi sitio
solo encontrar mi sitio.

Todos los juguetes rotos
todos los amantes locos
todos los zapatos de charol.

Todas las casitas de muñecas
donde celebraba fiestas
donde solo estaba yo.

Vuelve el espíritu olvidado
del verano del amor...

Quiero vivir, quiero gritar
quiero sentir el universo sobre mí
quiero correr en libertad
quiero llorar de felicidad.

Quiero vivir
quiero sentir el universo sobre mí
como un náufrago en el mar
quiero encontrar mi sitio
solo encontrar mi sitio.

Quiero vivir, quiero gritar
quiero sentir el universo sobre mí
quiero correr en libertad
quiero llorar de felicidad.

Quiero vivir
quiero sentir el universo sobre mí
como un náufrago en el mar
quiero encontrar...
mi sitio...

Solo queda una vela
encendida en medio de la tarta
y se quiere consumir.

AMARAL
http://letras.com/amaral/145174/

Escultura del Rockefeller Center de Nueva York, de Lee Lawrie.

ARTE Y LITERATURA

Amaral habla de un universo que gira a su alrededor, pero ¿qué conoces tú del universo? Entra en www.nocheestrellada.org/galeria.php para ver el tráiler *Noche estrellada en el museo*. Después escribe en tu cuaderno:

- Las obras de arte que hayas reconocido.
- Los objetos que más curiosidad te han despertado.
- Por qué crees que unen en este vídeo obras de arte e imágenes del universo.

ACTIVIDADES

1 *El universo sobre mí* de Amaral, el *Soneto XXIII* de Garcilaso de la Vega y *Desaparecerte* de Eugenio Maqueda manifiestan distintas versiones de un mismo tema. ¿Cuál?

2 Este tema puede considerarse atemporal, es decir, que da igual el momento histórico en el que se trate, pues siempre tiene vigencia y es entendido por quien lo lee. ¿Qué más temas pueden ser atemporales?

3 ¿Qué quiere Garcilaso que haga su amada? ¿Qué le está indicando Eugenio a la persona a la que le dedica el poema? ¿Qué quiere expresar Amaral con su canción?

4 Lee detenidamente los tres textos y presta atención a lo que los autores han querido transmitir con la forma en la que lo hacen. ¿Con cuál sientes que te identificas más y por qué?

5 Observa la estructura de los tres escritos. ¿Te parecen iguales? ¿Hay alguna que se parezca más a otra? ¿Crees que son flexibles y abiertas o, por el contrario, son estructuras cerradas que siguen un patrón?

6 Utiliza tres adjetivos para describir cada uno de los textos.

7 La estrofa es cada una de las partes en las que se divide un poema, y puede contener el mismo número de versos o no ser perfectamente simétricos. ¿La canción puede también dividirse en estrofas? Razona tu respuesta.

8 ¿A quién van dirigidos los dos poemas? ¿Y la canción de Amaral?

9 Explica las diferencias que encuentras entre los poemas y la canción desde el punto de vista temático.

10 Es frecuente que existan elementos que se repiten en las canciones, como es el caso de *El universo sobre mí*. ¿Cómo se llama ese fenómeno? ¿Se puede dar también en los poemas?

11 ¿A qué género literario pertenecen estos tres textos?

12 Existen muchos tipos de amor: el que les profesas a tus padres, a tus amigos, a tu mascota, al lugar donde naciste... Escribe una canción de amor. Puedes pensar en alguien en concreto o puedes inventar un personaje de ficción a quien dedicársela. No olvides ponerle título.

13 La expresión lírica, común tanto a ambos poemas como a la canción de Amaral, hace referencia a:

- Los sentimientos de quien escribe.
- La expresión de la realidad objetiva.
- Las necesidades diarias que se deben satisfacer.
- Las leyes de la naturaleza.

01 La poesía

La **expresión de los sentimientos** del autor (el amor, la soledad, la tristeza, la alegría...) es el principal hilo conductor de la **poesía**, escrita generalmente en verso.

La poesía aprovecha creativamente las **cualidades sonoras y rítmicas** del lenguaje. La musicalidad que el poeta intenta reflejar en sus versos se consigue a través de diferentes recursos, tanto desde el punto de vista de la forma como desde el punto de vista del contenido.

> ¿Qué es poesía?, dices, mientras clavas
> en mi pupila tu pupila azul.
> ¡Qué es poesía! ¿Y tú me lo preguntas?
> Poesía... eres tú.
>
> Gustavo Adolfo Bécquer
> *Rimas y leyendas*. Edelvives

01.1 El verso

El **poema** es la expresión de la poesía mediante un lenguaje rítmico, formado por **versos**, que son cada renglón de un poema. Estos se suelen combinar siguiendo un esquema de distribución de sílabas y de rima.

Los versos se clasifican según el número de sílabas que contengan. Las sílabas métricas no siempre coinciden con las sílabas fónicas. Recuerda las reglas para contar sílabas de la página 16.

	SÍLABAS FÓNICAS	SÍLABAS MÉTRICAS	LICENCIA MÉTRICA
Es una noche **de in**vierno. **Cae** la nie**ve en** remolino. Los Alvargonzález velan un fuego ca**si ex**tinguido. Antonio Machado: *Campos de Castilla* Edelvives	9 10 8 9	8 8 8 8	sinalefa sinéresis y sinalefa - sinalefa
El dulce murmurar deste **rüi**do El mover de los árboles al viento. Garcilaso de la Vega: *Églogas* Simancas Ediciones	10 11	11 11	diéresis -

Según el número de sílabas, los versos se clasifican en:

- Versos de **arte menor**. Los que miden hasta 8 sílabas.
- Versos de **arte mayor**. Los que miden de 9 sílabas en adelante.

Tipos de sílabas y partición de palabras

La **sílaba** es un conjunto de sonidos que se pronuncian en un solo golpe de voz. Cuando hay vocales juntas, se cuentan en la misma o en diferentes sílabas según se trate de:

- **Diptongo:** dos vocales en una sílaba.
- **Triptongo:** tres vocales en una sílaba.
- **Hiato:** dos vocales juntas que se separan en sílabas diferentes.

Tener en cuenta que puede producirse la ruptura de un diptongo (diéresis) o la unión de un hiato (sinéresis) para conseguir la igualdad de sílabas métricas.

01.2 La estrofa

La **estrofa** es la combinación de un número determinado de versos. El número de sílabas de los versos y la rima siguen un esquema fijo. La rima se indica con letras semejantes para los versos que riman. Si son de arte menor, son minúsculas, y si son de arte mayor, mayúsculas. Los versos que no riman se llaman **versos sueltos.** Esto se indica con un guion *(-).*

Observa estos poemas. El primero es un **soneto**: un poema de catorce versos endecasílabos con rima consonante, formado por dos **cuartetos** (estrofas de cuatro versos de arte mayor) y dos **tercetos** (estrofas de tres versos de arte mayor). El segundo es un poema no estrófico.

Poema estrófico

Compuesto por una serie de estrofas.

Soneto XXIII — Rima consonante

En tanto que de rosa y de azucena A
se muestra la color en vuestro gesto, B
y que vuestro mirar ardiente, honesto, B
con clara luz la tempestad serena; A
— Cuarteto

y en tanto que el cabello, que en la vena A
del oro se escogió, con vuelo presto B
por el hermoso cuello blanco, enhiesto, B
el viento mueve, esparce y desordena: A
— Cuarteto

coged de vuestra alegre primavera C
el dulce fruto antes que el tiempo airado D
cubra de nieve la hermosa cumbre. E
— Terceto

Marchitará la rosa el viento helado, D
todo lo mudará la edad ligera C
por no hacer mudanza en su costumbre. E
— Terceto

Soneto: composición poética de 14 versos endecasílabos (11 sílabas), distribuidos en dos cuartetos y dos tercetos.

Poema no estrófico

Compuesto por una serie de versos no organizados en estrofas.

Desaparecerte — Rima asonante

Hace tiempo que estoy eliminando A
todo recuerdo puesto de tu parte. -
Cada noche desvelo mi descanso A
y atravieso la orgía de las sombras -
Me dirijo al objeto sentenciado A
en mi interior, algunas horas antes. -
Nadie lo encontrará ya en su lugar. -
Un reloj que marcaba tu partida -
y siempre se negó a marchar de nuevo. -
Libros que se hacían pasar por míos -
en el revuelo de una estantería. -
Un papel con tu letra de algas rojas -
escondido entre cartas y poemas. -
Una caja de música que ataba -
tu risa bailarina a sus canciones… -
Nada que abrigue restos de tu tacto A
verá la luz del día que amanece. -

Algunas de las estrofas más usadas en la lírica española son

- **Tres versos de rima asonante:** soleá: (a-a).
- **Cuatro versos de rima consonante:** redondilla (abba); cuarteta (abab); serventesio (ABAB).
- **Cuatro versos de rima asonante:** copla (-a-a).
- **Cinco versos de rima consonante:** quintilla (abaab).

ACTIVIDADES

1 Mide los siguientes versos y clasifícalos según su medida.

El ruido
cesó,
un hombre
pasó
embozado,
y el sombrero
recatado
a los ojos
se caló.
Se desliza
y atraviesa
junto al muro
de una iglesia
y en la sombra
se perdió.

José de Espronceda
«El estudiante de Salamanca»
en *A toda vela*. Edelvives

Pensé arrancarme el corazón y echarlo,
pleno de su sentir alto y profundo,
al ancho surco del terruño tierno,

a ver si con partirlo y con sembrarlo,
la primavera le mostraba al mundo
el árbol puro del amor eterno.

Juan Ramón Jiménez: «Octubre»
en *Obra completa*. Visor

En París está doña Alda,
la esposa de don Roldán,
trescientas damas con ella
para la acompañar:
todas visten un vestido,
todas calzan un calzar,
todas comen a una mesa,
todas comían de un pan.

Romanceros. Edelvives

2 Localiza en estos ejemplos las diéresis y sinéresis que haya.

a. Que en tierra teme que caerá la vida (Quevedo) = 11 sílabas

b. De nocturno Faetón carroza ardiente (Góngora) = 11 sílabas

c. La del que huye el mundanal ruido (Fray Luis) = 11 sílabas

d. Cae la nieve en remolino (Antonio Machado) = 8 sílabas

e. Trenza, veleta, poesía (Dámaso Alonso) = 8 sílabas

f. No solo en plata o viola truncada (Góngora) = 11 sílabas

3 En este poema hay versos de distinta medida. Lee en voz alta y comenta qué sensación te produce ese contraste.

Nuestras vidas son los ríos
que van a dar en la mar,
que es el morir;
allí van los señoríos
derechos a se acabar
y consumir;
allí los ríos caudales,
allí los otros medianos
y más chicos,
y llegados, son iguales
los que viven por sus manos
y los ricos.

Jorge Manrique: *Coplas a la muerte de su padre*. Castalia

4 ✱ Compara la medida fónica y la medida métrica de los siguientes versos.

Si mi voz muriera en tierra

Si mi voz muriera en tierra
llevadla al nivel del mar
y dejadla en la ribera.

Llevadla al nivel del mar
y nombradla capitana
de un blanco bajel de guerra.

¡Oh mi voz condecorada
con la insignia marinera:
sobre el corazón un ancla
y sobre el ancla una estrella
y sobre la estrella el viento
y sobre el viento una vela!

Rafael Alberti: *Marinero en tierra*
Alianza Editorial

5 Mide e identifica las estrofas.

Tengo un querer y una pena.
La pena quiere que viva;
el querer quiere que muera.

Manuel Machado: *Cante hondo*
Editorial Montesur

Hubo una selva y un nido
y en ese nido un jilguero
que alegre y estremecido,
tras de un ensueño querido
cruzó por el mundo entero.

Manuel Acuña
El parnaso mexicano. UNAM

Yo soy aquel que ayer no más decía
el verso azul y la canción profana,
en cuya noche un ruiseñor había
que era alondra de luz por la mañana.

Rubén Darío: *Poesía*
Alianza Editorial

Volverás a mi huerto y a mi higuera:
por los altos andamios de las flores
pajareará tu alma colmenera.

Miguel Hernández
El silbo del dale. Edelvives

6 Continúa en tu cuaderno los poemas con el mismo tipo de rima. Emplea letras para indicar los diferentes sonidos rimados y subraya la parte de la palabra rimada a partir de la última vocal acentuada.

Por ti, su blanda musa,
en lugar de la cítara sonante
tristes querellas usa,
que con llanto abundante
hacen bañar el rostro del amante

Garcilaso de la Vega
La poesía española. Círculo de lectores.

Dos ideas que al par brotan,
dos besos que a un tiempo estallan;
dos ecos que se confunden…,
eso son nuestras dos almas.

Gustavo Adolfo Bécquer
Rimas y leyendas. Edelvives

7 Realiza un comentario métrico indicando:

a. El número de estrofas, de versos en cada estrofa y de la medida de cada verso. Señala las licencias métricas.

b. El tipo de rima y dónde se encuentra en cada estrofa.

c. El nombre de las estrofas que componen el poema.

Una tarde parda y fría
de invierno. Los colegiales
estudian. Monotonía
de lluvia tras los cristales.
Es la clase. En un cartel
se representa a Caín
fugitivo, y muerto Abel,
junto a una mancha carmín.
Con timbre sonoro y hueco
truena el maestro, un anciano
mal vestido, enjuto y seco,
que lleva un libro en la mano.
Y todo un coro infantil
va cantando la lección:
«Mil veces ciento, cien mil;
mil veces mil, un millón».
Una tarde parda y fría
de invierno. Los colegiales
estudian. Monotonía
de la lluvia en los cristales.

Antonio Machado: «Recuerdo infantil»,
en *Caminos y cantares.* Edelvives

… Y yo me iré. Y se quedarán los pájaros cantando;
y se quedará mi huerto, con su verde árbol,
y con su pozo blanco.
Todas la tardes, el cielo será azul y plácido;
y tocarán, como esta tarde están tocando,
las campanas del campanario.
Se morirán aquellos que me amaron;
y el pueblo se hará nuevo cada año;
y en el rincón aquel de mi huerto florido y encalado,
mi espíritu errará, nostáljico*…
Y yo me iré; y estaré solo, sin hogar, sin árbol
verde, sin pozo blanco,
sin cielo azul y plácido…
Y se quedarán los pájaros cantando.

*Licencia del autor por *nostálgico.*

Juan Ramón Jiménez: «El viaje definitivo»,
en *Verde verderol.* Edelvives

02 El lenguaje poético

Además de usar el ritmo, la rima y la medida, el poeta juega con el significado y con el significante de las palabras, empleando recursos literarios, que pueden ser fónicos, morfosintácticos y semánticos.

02.1 Los recursos fónicos

Los **recursos fónicos** son los que juegan con el sonido de las palabras.

Aliteración

Repetición de sonidos similares en uno o varios versos.

> Es algo fo**r**midable que vio la vieja **r**aza:
> **r**obusto t**r**onco de á**r**bol al hombro de un campeón
> salvaje y ague**rr**ido, cuya fo**r**nida maza
> blandie**r**a el b**r**azo de Hé**r**cules, o el b**r**azo de Sansón.
>
> Rubén Darío: *Poesía*. Alianza Editorial

Onomatopeya

Palabra que trata de imitar el sonido de algo.

> La pata mete la pata
> La pata desplumada,
> **cua, cua, cua**.
>
> Gloria Fuertes: *La pata mete la pata*
> Susaeta Ediciones

02.2 Los recursos morfosintácticos

La repetición es un recurso fundamental para crear el ritmo. La propia rima no es otra cosa que la repetición de sonidos.

Polisíndeton

Repetición que se hace de un nexo.

> Me gustas cuando callas **y** estás como distante.
> **Y** estás como quejándote, mariposa en arrullo.
> **Y** me oyes desde lejos, **y** mi voz no te alcanza:
> déjame que me calle con el silencio tuyo.
>
> Pablo Neruda: *Veinte poemas de amor y una canción desesperada*. Edelvives

Anáfora

Repetición de palabras o grupo de palabras al comienzo de versos seguidos.

> **Acariciar** el hombro,
> **acariciar** la ola,
> **acariciar** la nube,
> **acariciar** la roca.
>
> Juan Ramón Jiménez: *Canción*. Seix Barral

Paralelismo

No se repiten las palabras exactas, pero sí la estructura sintática.

> **La paz de su hora** sola me daba la claridad.
> **La gloria de su amor** solo colmaba mi soledad.
>
> Juan Ramón Jiménez: *Dios deseado y deseante*. Akal

02.3 Los recursos semánticos

Los **recursos semánticos** se emplean para jugar con el significado de las palabras. El más habitual es la **metáfora.**

Metáfora

Identificación de una realidad con otra con la que guarda un parecido.

> En tanto que el cabello, que en la vena
> del oro se escogió, con vuelo presto [...].
>
> Garcilaso DE LA VEGA: *Poesías castellanas completas*
> Castalia

Comparación o símil

Con ella se establece una relación de semejanza entre dos términos. Normalmente aparece el verbo parecer o el adverbio como.

> Como tú, piedra pequeña
> como tú, guijarro humilde...
>
> León FELIPE: *Poesías completas*. Visor

Prosopopeya o personificación

Consiste en aplicar cualidades humanas a animales u objetos, haciéndolos comportarse como personas.

> La luna vino a la fragua
> con su polisón de nardos.
>
> Federico GARCÍA LORCA: *Romancero gitano*. Cátedra

Hipérbole

Para expresar la intensidad de una cantidad o una emoción se exagera hasta el punto de superar lo verosímil.

> Tanto dolor se agrupa en mi costado
> que por doler me duele hasta el aliento.
>
> Miguel HERNÁNDEZ: *Antología*. Visor

Soneto XXIII

En tanto que de rosa y de azucena
se muestra la color en vuestro gesto,
y que vuestro mirar ardiente, honesto,
con clara luz la tempestad serena;

y en tanto que el cabello, que en la vena
del oro se escogió, con vuelo presto
por el hermoso cuello blanco, enhiesto,
el viento mueve, esparce y desordena:

coged de vuestra alegre primavera
el dulce fruto antes que el tiempo airado
cubra de nieve la hermosa cumbre.

Marchitará la rosa el viento helado,
todo lo mudará la edad ligera
por no hacer mudanza en su costumbre.

Metáfora: Identificación de una realidad con otra con la que guarda un parecido.

Rosa → mejillas sonrosadas; azucena → piel blanca; oro → cabello rubio.

Anáfora: repetición de una o más palabras al comienzo del verso.

Hipérbaton: inversión del orden gramatical habitual de las palabras.
Orden normal:

- serena la tempestad.
- el viento mueve, esparce y desordena el cabello.
- el viento helado marchitará la rosa.

ACTIVIDADES

1 Analiza diferentes expresiones del habla coloquial y pon ejemplos de:

a. Comparaciones o símiles.
b. Personificaciones.
c. Hipérboles.
d. Metáforas.

2 Ahora haz comparaciones poéticas a partir de los ejemplos dados, utilizando oraciones completas:

a. Negro como…
b. Autosuficiente como…
c. Azul como….
d. Fiero como...

3 Localiza en esta rima antítesis, paralelismos y metáforas (en ocasiones hay más de uno). Además, explica por qué los ha utilizado el poeta y qué sensación te producen.

Tú eras el huracán y yo la alta
torre que desafía su poder:
¡tenías que estrellarte o que abatirme!...
¡No pudo ser!

Tú eras el océano y yo la enhiesta
roca que firme aguarda su vaivén:
¡tenías que romperte o que arrancarme!...
¡No pudo ser!

Hermosa tú, yo altivo: acostumbrados
uno a arrollar, el otro a no ceder;
la senda estrecha, inevitable el choque...
¡No pudo ser!

Gustavo Adolfo Bécquer: *Rimas.* Cátedra

4 Pedro Salinas, en este poema, se basa especialmente en el ritmo, en la repetición, y en la antítesis. Indica cómo y di qué quiere expresar.

¡Si me llamaras, sí,
si me llamaras!

Lo dejaría todo,
todo lo tiraría;
los precios, los catálogos,
el azul del océano en los mapas,
los días y sus noches,
los telegramas viejos
y un amor.
Tú, que no eres mi amor,
¡si me llamaras!

Pedro Salinas: *La voz a ti debida.* Alianza

5 Copia este poema y subraya de rojo los versos que contengan recursos fónicos y de azul, los semánticos; a continuación, explica qué quiere decir el poema y por qué utiliza su autor esos recursos.

Lo querían matar
los iguales,
porque era distinto.

Si veis un pájaro distinto,
tiradlo;
si veis un monte distinto,
caedlo;
si veis un camino distinto,
cortadlo;
si veis una rosa distinta,
deshojadla;
si veis un río distinto,
cegadlo…
Si veis un hombre distinto,
matadlo.

¿Y el sol y la luna
dando en lo distinto?

Altura, olor, largor, frescura, cantar, vivir
distinto
de lo distinto;
lo que seas, que eres
distinto
(monte, camino, rosa, río, pájaro, hombre):
si te descubren los iguales,
huye a mí,
ven a mi ser, mi frente, mi corazón distinto.

Juan Ramón Jiménez: «Distinto»,
en *Una colina meridiana, 1942-1950*
Huerga y Fierro Editores

6 Explica qué figura retórica han utilizado los autores de estos versos.

Tanto dolor se agrupa en mi costado
que por doler me duele hasta el aliento.

Miguel Hernández: *Antología.* Visor

Vivo sin vivir en mí
y tan alta vida espero,
que muero porque no muero.

Santa Teresa de Jesús: *Obras completas.* BAC

7 Lee los siguientes poemas y señala los recursos que encuentres.

La princesa está triste... ¿Qué tendrá la princesa?
Los suspiros se escapan de su boca de fresa,
que ha perdido la risa, que ha perdido el color.
La princesa está pálida en su silla de oro,
está mudo el teclado de su clave sonoro,
y en un vaso, olvidada, se desmaya una flor.

Rubén Darío: *Sonatina.* Kalandraka

Del salón en el ángulo oscuro,
de su dueña tal vez olvidada,
silenciosa y cubierta de polvo,
veíase el arpa.
¡Cuánta nota dormía en sus cuerdas
como el pájaro duerme en las ramas,
esperando la mano de nieve
que sabe arrancarlas!"
"–¡Ay! -pensé–, ¡cuántas veces el genio
así duerme en el fondo del alma,
y una voz, como Lázaro, espera
que le diga: "Levántate y anda"!

Gustavo Adolfo Bécquer: *Rimas y leyendas.* Edelvives

8 Escribe este poema usando lenguaje cotidiano en prosa. ¿Cómo ha cambiado? ¿Qué figuras has eliminado?

Olas gigantes que os rompéis bramando
en las playas desiertas y remotas,
envuelto entre la sábana de espumas,
¡llevadme con vosotras!

Ráfagas de huracán que arrebatáis
del alto bosque las marchitas hojas,
arrastrado en el ciego torbellino,
¡llevadme con vosotras!

Gustavo Adolfo Bécquer: *Rimas y leyendas.* Edelvives

9 ¿Puedes continuar con la misma figura retórica dos versos más?

¿Soledad, y está el pájaro en el árbol,
soledad, y está el agua en las orillas,
soledad, y está el viento con la nube,
soledad, y está el mundo con nosotros,
soledad, y estás tú conmigo solos?

Juan Ramón Jiménez: *Una colina meridiana,* 1942-1950
Huerga y Fierro Editores

10 Lee el siguiente poema y contesta las preguntas.

Soñé que tú me llevabas
por una blanca vereda,
en medio del campo verde,
hacia el azul de las sierras,
hacia los montes azules,
una mañana serena.

Sentí tu mano en la mía,
tu mano de compañera,
tu voz de niña en mi oído
como una campana nueva,
como una campana virgen
de un alba de primavera.

¡Eran tu voz y tu mano,
en sueños, tan verdaderas!...

Vive, esperanza, ¡quién sabe
lo que se traga la tierra!

Antonio Machado: *Campos de Castilla.* Edelvives

a. Explica cuáles de las siguientes ideas se reflejan en el poema y cómo lo hacen:
- El autor está feliz porque su compañera descansa.
- El autor ha tenido un sueño que le ha provocado esperanza.
- El autor cree que lo que ha soñado es verdad.
- El autor piensa que hay vida después de la muerte.

b. Mide todos los versos. Recuerda las reglas de medida.

c. ¿La rima es consonante o asonante? ¿Qué versos riman?

d. ¿Qué estrofa forman?

e. ¿Cómo se llama la figura que supone la repetición de la primera palabra de cada verso? ¿En qué versos se encuentra?

f. Indica la presencia de un paralelismo.

g. Fíjate en la comparación de la voz con la campana; ¿por qué crees que se compara? ¿Cómo es la campana? ¿Por qué crees que se le atribuyen a la campana esas cualidades?

h. ¿Cómo se llama la figura en la que se atribuye a las cosas cualidades humanas? ¿Dónde aparece esa figura en este poema?

El poema

Vuelve a leer el poema *Desaparecerte,* de Eugenio Maqueda.

Hace tiempo que estoy eliminando
todo recuerdo puesto de tu parte.
Cada noche desvelo mi descanso
y atravieso la orgía de las sombras.
Me dirijo al objeto sentenciado
en mi interior, algunas horas antes.

Nadie lo encontrará ya en su lugar.

Un reloj que marcaba tu partida
y siempre se negó a marchar de nuevo.
Libros que se hacían pasar por míos
en el revuelo de una estantería.
Un papel con tu letra de algas rojas
escondido entre cartas y poemas.
Una caja de música que ataba
tu risa bailarina a sus canciones…

Nada que abrigue restos de tu tacto
verá la luz del día que amanece.

Tu turno

1 Reescribe los seis primeros versos del poema *Desaparecerte,* reemplazando solo algunos de sus elementos con el fin de conservar su estructura poética original.

a. Reemplaza algunas de las últimas palabras de los versos, de forma que construyas nuevas rimas, bien conservando los sonidos repetidos, bien variando estos.

b. Sustituye también algunas de las palabras intermedias de los versos. Puedes variar su significado original, no tienes por qué emplear únicamente sinónimos. Ejemplo: *Cada noche <u>ilumino</u> mi descanso.*

c. Sustituye la metáfora «orgía de las sombras» por otra de nueva creación de similar significado o por otra que convenga al nuevo significado que le has dado al poema.

d. Intenta conservar el número de sílabas de los versos originales: 11 sílabas (versos endecasílabos).

e. Revisa los versos resultantes, cuidando la sonoridad y el ritmo propio poético.

2 En épocas pasadas, los autores creaban palabras con la primera letra de cada verso. Este artificio es conocido con el nombre de acróstico. Averigua las palabras que se esconden tras los versos. Después, crea un breve poema empleando este procedimiento. Puedes utilizar los recursos aprendidos.

Yo vi en Salamanca la obra presente,
Movime a acabarla por estas razones:
Es la primera, que estoy en vacaciones;
La otra, *inventarla persona prudente;*
Y es la final ver ya la más gente
Vuelta y mezclada en vicios de amor.
Estos amantes les pondrán temor
A fiar de alcahueta ni falso sirviente.

Fernando De Rojas: *La Celestina.* Edelvives

La canción

ANIMACIÓN A LA ESCRITURA

Accede a YouTube y busca la canción de Joan Manuel Serrat *Caminante no hay camino*, publicada por José Manuel Aguilar Ruiz. ¿De qué crees que habla esta canción? ¿Qué sentimientos te transmite? Busca en Internet la letra de esta famosa canción y anota qué recursos encuentras. ¿Quién es el autor de la letra?

Robin, un niño que habita en un pueblo muy aburrido, conoce un día al viejo Bernard, quien le enseñará un mundo de *jazz* y libros. Si te gustan la música y la lectura, *Swinging Christmas*, de la editorial Edelvives, te hará vibrar.

Tu turno

1 Tras haber escuchado y observado el vídeo anterior de la canción, ahora es el momento de mostrar vuestras dotes artísticas y de convertiros en maestros de la palabra, la música y la fotografía.

a. Formad grupos de cinco alumnos y escoged la ciudad que va a ser objeto de vuestro vídeo. Si se trata de un sitio ya visitado, recuperad todas aquellas fotografías que hicisteis vosotros mismos; si no, realizad una búsqueda en la web. Intentad que haya variedad de paisajes.

b. Realizad un montaje de vídeo con las fotografías del lugar escogido con PowerPoint y cread transiciones entre las imágenes.

c. Elegid una base instrumental: puede ser tanto una música instrumental original, como una base de karaoke ya preparada sin la parte vocal. La duración de la música se tiene que corresponder con la del vídeo realizado.

Inventad una letra ajustada al ritmo y cadencia de la música. La emoción y sensaciones expresadas por la música deben traducirse poéticamente en las palabras de vuestra letra. Ahora la letra debe convertirse en un poema con los recursos fónicos, rítmicos y métricos que la música le exige.

d. Grabad vuestra interpretación cantada de la letra e incluidla en el vídeo con las imágenes escogidas. Después, reproducid en clase todos los vídeos y puntuadlos de 1 a 4 según los criterios de evaluación.

EVALUACIÓN

Contesta los siguientes criterios de evaluación para saber si vuestro vídeo cumple con todos los requisitos.

- Las fotografías elegidas y su presentación han sido organizadas.
- La letra creada se ha adaptado a las características de la música elegida.
- Se han mostrado creatividad y estilo literario en la presentación y descripción de la ciudad.
- Ha habido originalidad artística en el conjunto audiovisual: música, imagen y letra.

EVALUACIÓN

Yo voy soñando caminos
de la tarde. ¡Las colinas
doradas, los verdes pinos,
las polvorientas encinas!...
¿Adónde el camino irá?
Yo voy cantando, viajero,
a lo largo del sendero...
—La tarde cayendo está—.
«En el corazón tenía
la espina de una pasión;
logré arrancármela un día;
ya no siento el corazón.»
Y todo el campo un momento
se queda, mudo y sombrío,
meditando. Suena el viento
en los álamos del río.
La tarde más se oscurece;
y el camino que serpea
y débilmente blanquea,
se enturbia y desaparece.
Mi cantar vuelve a plañir:
«Aguda espina dorada,
quién te volviera a sentir
en el corazón clavada.»

Antonio Machado: *Yo voy soñando caminos*. Editorial Labor

1. Lee el poema en voz alta dando sentido a la lectura. Después, practica para darle ritmo de *hip-hop*.
2. ¿Qué sentimiento quiere expresar el poeta? Trata de usar, en primer lugar, una sola palabra para nombrarlo, y luego explícalo de forma más detallada.
3. ¿Por qué el poeta no siente su corazón?
4. Explica si crees que el autor desea o no amar de nuevo, y por qué lo piensas.
5. ¿De qué manera la ambientación del momento y del lugar acompañan a los sentimientos del poeta?
6. Escribe cuatro versos semejantes a los entrecomillados en el poema para expresar un sentimiento de alegría, tristeza, amor o ilusión. Usa la misma estrofa que emplea el autor en su primera intervención.
7. ¿Qué sentido oculto crees que puede tener el camino? ¿Y el hecho de que sea la caída de la tarde?
8. ¿Qué figura literaria es la que nos hace identificar la pasión con una espina?
9. Cuando el campo medita, ¿qué figura semántica está usando el poeta?
10. En los últimos versos hay una figura de repetición: ¿cuál?, ¿para qué la utiliza el poeta?
11. Copia todos los colores que aparecen en el poema. ¿Crees que simbolizan algún sentimiento o idea, o simplemente describen el aspecto de la escena? ¿Qué evocan?
12. ¿Qué crees que le ha ocurrido al poeta? Intenta imaginar cómo consiguió sacarse la espina del corazón.
13. ¿Crees que es mejor sentir dolor o no sentir nada?

EVALUACIÓN

1 Completa el siguiente esquema con las estrofas que has aprendido.

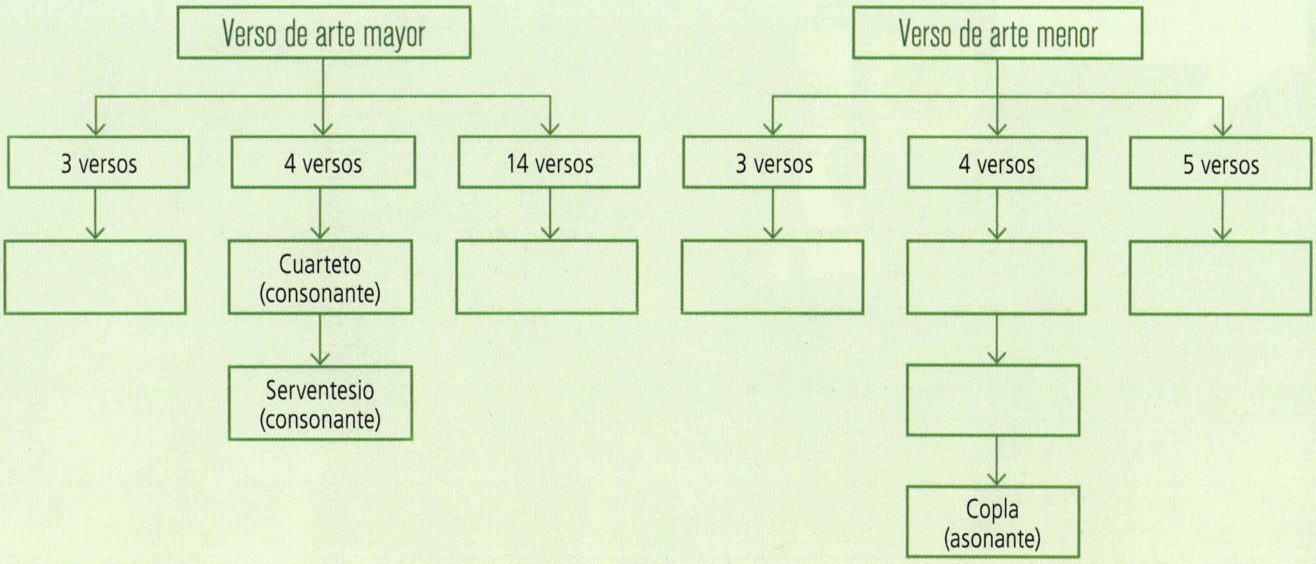

2 Practica la medida de versos y la identificación de rima en este poema.

Castilla

El ciego sol se estrella
en las duras aristas de las armas,
llaga de luz los petos y espaldares
y flamea en las puntas de las lanzas.
El ciego sol, la sed y la fatiga
por la terrible estepa castellana,
al destierro, con doce de los suyos
—polvo, sudor y hierro—, el Cid cabalga.
Cerrado está el mesón a piedra y lodo.
Nadie responde... Al pomo de la espada
y al cuento de las picas el postigo
va a ceder. ¡Quema el sol, el aire abrasa!
A los terribles golpes
de eco ronco, una voz pura, de plata
y de cristal, responde... Hay una niña
muy débil y muy blanca
en el umbral. Es toda
ojos azules, y en los ojos lágrimas.
Oro pálido nimba
su carita curiosa y asustada.
«Buen Cid, pasad. El rey nos dará muerte,
arruinará la casa
y sembrará de sal el pobre campo
que mi padre trabaja...
Idos. El cielo os colme de venturas...
¡En nuestro mal, oh, Cid, no ganáis nada!»

Manuel Machado: *Caminos y cantares.* Edelvives

3 ¿En qué se diferencian las estrofas que tienen el mismo tipo de rima y el mismo número y tipo de versos?

4 Redacta los «cinco consejos fundamentales para nunca equivocarte midiendo versos». Comprueba que has citado las palabras *sinalefa, aguda, esdrújula, sinéresis, diéresis, verso suelto, verso libre.*

5 ¿Consideras que el *hip-hop* es poesía? Plantea argumentos a favor y en contra.

6 ¿Para qué temas se suele usar el *hip-hop*? ¿Qué ritmo crees que es más adecuado para una canción romántica?

7 En la búsqueda del ritmo, has estudiado a lo largo de la unidad mecanismos de repetición. ¿Cuáles son? Haz una lista y defínelos.

8 Agrupa las figuras semánticas en dos grupos: aquellas en las que se sustituye un elemento por otro, y aquellas en las que se relacionan dos elementos presentes en el poema. A continuación, pon un ejemplo de cada una de ellas.

9 ¿Qué diferencia hay entre poesía y lírica?

DIARIO DE APRENDIZAJE

¿Se ha correspondido mi interpretación de las imágenes del inicio de la unidad con el contenido que he estudiado en ella?

04 Érase una vez que se era...

¿Qué importancia creo que tendrá la capacidad de relacionar conocimientos en el estudio de esta unidad?

1. ¿Te gusta que te cuenten cuentos?, ¿por qué? ¿Quién te los cuenta o te los ha contado?
2. ¿Cuál es tu cuento tradicional favorito?
3. ¿Qué tipo de historias te gusta leer? ¿Por qué?

Accede al canal YouTube y busca la *Leyenda del corazón perfecto,* contada por Paqui Luna.

1. ¿Qué hace la cuentacuentos? ¿Mueve las manos?, ¿se mueve mientras está hablando? ¿Por qué hace esto?
2. ¿Quiénes son los protagonistas? ¿Y quiénes son sus antagonistas?
3. ¿Cuántas acciones se desarrollan en el cuento?
4. ¿Dónde ocurre la historia?
5. ¿Qué pasó al final?
6. Muchos cuentos guardan un mensaje que debe ser una enseñanza para el público que lo oye. ¿Cómo podrías resumir en una oración la enseñanza del cuento que acabas de escuchar?

ESCUCHAR Y HABLAR

EL CUENTO

Los **cuentos** son un subgénero narrativo muy antiguo rescatado hoy por los **cuentacuentos.** Se caracterizan por estos **elementos básicos:**

- Son de **temática variada,** tanto realistas como fantásticos.
- Son **breves y concisos** y poseen un lenguaje claro y ágil.
- A los **protagonistas** les corresponden unos **antagonistas.**
- Los **personajes son planos,** es decir, con un perfil psicológico muy simple. Encontramos personajes buenos frente a personajes malvados.
- La **estructura** es más básica que en otro tipo de narraciones: **planteamiento**, **nudo** y **desenlace**.

Observa los elementos del cuento corto:

LA MUERTE EN SAMARRA

El criado llega aterrorizado a casa de su amo.

—Señor —dice—, he visto a la Muerte en el mercado y me ha hecho una señal de amenaza.

El amo le da un caballo y dinero, y le dice:

—Huye a Samarra.

El criado huye. Esa tarde, temprano, el señor se encuentra a la Muerte en el mercado.

—Esta mañana le hiciste a mi criado una señal de amenaza —dice.

—No era de amenaza —responde la Muerte—, sino de sorpresa. Porque lo veía ahí, tan lejos de Samarra, y esta misma tarde tengo que recogerlo allá.

Gabriel García Márquez
www.ciudadseva.com

Planteamiento
Breve presentación de personajes (criado, amo), tiempo y lugar (casa del amo).

Nudo
Con una sola acción y donde se presenta al antagonista (la Muerte).

Desenlace
Rápido y sorprendente.

Observa el vídeo de la cuentacuentos y fíjate en los elementos no lingüísticos (voz, tono, gestos, mirada…) que utiliza. ¿Qué características crees que tiene que tener un buen cuentacuentos?

El escritor Horacio Quiroga afirma en su «Decálogo del perfecto cuentista»:

«Toma a tus personajes de la mano y llévalos firmemente hasta el final, sin ver otra cosa que el camino que les trazaste. No te distraigas viendo tú lo que ellos no pueden o no les importa ver.

No abuses del lector. Un cuento es una novela depurada de ripios. Ten esto por una verdad absoluta, aunque no lo sea».

Horacio Quiroga: *Todos los cuentos*
Biblioteca Ayacucho

El cuento llevado a su mínima expresión es el **microcuento.** En él aparecen los elementos propios de la narración, aunque a veces no se explicitan y quedan sujetos a la imaginación del lector.

El dinosaurio

Cuando despertó, el dinosauro todavía estaba allí.

Augusto Monterroso
www.ciudadseva.com

Llamada

El último hombre sobre la Tierra está sentado a solas en una habitación. Llaman a la puerta...

Fredic Brown
www.ciudadseva.com

Tu turno

1 La profesión de cuentacuentos existe desde la antigüedad. Con tu compañero, intenta ser uno de ellos contando al resto de la clase un cuento que conozcáis a la perfección: respetad la acción, el espacio, el tiempo, sus protagonistas, secundarios y antagonistas, pero inventad un final alternativo o cambiad alguna de las acciones a las que se enfrentan los protagonistas.

Elección de la historia y del fragmento

Una vez escogida la historia, determinad qué parte o elemento queréis cambiar. Debe ser algo que cree interés en el público y que le intrigue.

Presentación de los personajes y los lugares

Una vez que tengáis claras las partes o los elementos (protagonistas, antagonistas, espacios...) que modificaréis, tened en cuenta que debéis:

a. Comenzar vuestra narración con una fórmula de inicio y acabar de la misma manera.

b. Presentar primero a los personajes más importantes y después a los secundarios y antagonistas.

c. Describir con palabras clave los espacios.

Ensayo

Ensayad la exposición de la historia, pero incluid elementos no lingüísticos que contribuyan a marcar los elementos más importantes de esta.

Título y representación

Cuando todos los alumnos estéis preparados y hayáis ensayado bastante, el profesor será el presentador de cada grupo. Para ello necesitará que le digáis cómo se va a llamar vuestra historia. Por eso, el último paso, antes de ser un cuentacuentos, es inventar el título de vuestra historia.

Elementos extralingüísticos

- Alza la voz cuando estés en partes del cuento de mayor relevancia para la comprensión, tales como descripciones o exposiciones de hechos.
- Cambia de tono (haciéndolo más grave o agudo) cuando hable un personaje u otro.
- Mueve las manos cuando haya que marcar rapidez de movimientos de los personajes.
- Escenifica la narración con el cuerpo para presentar alguna sorpresa en la acción de los personajes.
- Utiliza tu imaginación y todos los recursos que encuentres a tu alcance.

AUTOEVALUACIÓN

Evalúa la actividad que acabáis de realizar según estos criterios.

- Se han incluido fórmulas de presentación.
- Todos los personajes y elementos de la historia están presentes.
- Habéis introducido cambios de voz y de tono.
- Habéis movido las manos para enfatizar lo que decíais.
- Habéis incluido fórmulas de cierre.

LEER

La cazadora de Indiana Jones

La protagonista de esta novela ha estado enferma. Esta enfermedad ha coincidido con los cambios de la adolescencia. Cuando al fin puede ponerse en pie, no le vale su antigua ropa. Y está harta de heredar ropa de su hermana mayor, Suzy. Fíjate en el cuadro: describe cómo está vestida la niña. ¿Es para ti importante la ropa? ¿Por qué?

¡Albricias! ¡Por fin puedo levantarme de la cama! Me han dado de alta; estoy pálida, pero no amarilla. También puedo salir, si quiero.

Mamá me ayuda a vestirme.

—Lo sabía: has crecido y has adelgazado... —me dice llevándome al espejo del cuarto de Suzy, que es el único de cuerpo entero en toda la casa.

¡Ay, qué susto! ¡No soy yo!

—Pero, mamá, ¡si casi te alcanzo! —digo horrorizada ante la giganta que me mira desde el espejo. La falda de pana marrón me queda por encima de la rodilla. Parece una «mini», pero como no lo es, queda rara.

—Hija, querías adelgazar y lo has conseguido; no te quejes... Voy a ver qué encuentro por ahí que te esté bien.

Mamá vuelve con unos vaqueros de Suzy que yo... ¡adoro! Son azul pálido y se los trajo de Londres no sé quién.

—¡Pero... esos no me entran, mamá!

—Si te pones faldas, lo que ya no puedes llevar son calcetines. Con esta altura, imposible. ¡Qué barbaridad, lo que has crecido! ¡Como estabas en la cama, la verdad es que no lo había notado! —mamá sigue con su rollo, sin hacerme ni caso.

Me siento en la cama de mi hermana porque me fallan las piernas. Sin darme cuenta me caen unos lagrimones gordos, gordos sobre las mejillas. Estoy débil por primera vez en la vida, pero sobre todo... asustada.

Mamá me abraza y yo lloro más todavía.

—Pero... ¿por qué lloras?

—Es que... me veo muy rara... tan alta..., con estas piernecitas flacas y blancas...

—Has estado mucho en la cama. Ahora tienes que tomar el aire y dar paseos y comer bien. ¡Pruébate los vaqueros y este jersey y no seas pusilánime, por favor! —mamá me alarga un jersey de ochos.

—Pero... ¡este es nuevo! —exclamo, y el hipo se me corta de la emoción.

—Sí, hija, sí. No es heredado y es tuyo, solo tuyo, porque todo el mundo tiene jerséis de ochos.

—¡Buaaaaa!

—¡Pero, Chris! ¡Si es mi regalo por haberte puesto buena!

Me voy calmando en los brazos de mamá. Los vaqueros me están superbién, y el jersey, «ídem».

Asun Balzola: *La cazadora de Indiana Jones.* SM

Adolescente, John Newcomb.

ESTRATEGIAS DE LECTURA

¡Mecanízate!

Leer es cuestión de hábito. Crear un hábito es cuestión de mecanizar ciertos actos.

Instrucciones de uso:

- **Inicio.** Al principio, lee siempre a la misma hora.
- **Tiempo.** Al menos lee diez minutos diarios, prestando atención a lo que lees.
- **Tema.** Elige hasta que encuentres lo que te hace disfrutar.
- **Concentración.** No hagas otras cosas (escuchar música o chatear con el móvil) mientras lees.
- **Relajación.** Intenta que la hora de la lectura sirva para relajarte, no para estresarte.
- **Lugar.** Búscate un rincón de la lectura, personalízalo, que sea «tu rincón».

MÁS QUE PALABRAS

1 *Pusilánime* es un adjetivo que significa 'falto de valor o ánimo para soportar las desgracias o para superar grandes desafíos' según el DRAE (Diccionario de la Real Academia Española). Escribe con otras palabras la definición que has leído.

2 Continúa en tu cuaderno las secuencias con al menos dos términos más:

a. Expresar, decir, contar...

b. Demasiado, desorbitado, excesivo...

c. Susto, miedo, pánico...

d. Adorar, apreciar, valorar...

3 En el texto aparecen expresiones con una estructura similar. Se trata de un sustantivo matizado por una palabra o conjunto de palabras: *jersey de ochos*, *lagrimones gordos*... Encuentra en el texto todos los ejemplos que puedas.

ACTIVIDADES

1 Resume el fragmento en una frase usando las siguientes palabras: *madre, hermana* y *protagonista.*

2 Responde en tu cuaderno a las siguientes preguntas.

a. Chris es:

- La hermana de Suzy, que ha ido a una clínica para adelgazar.
- Una chica que ha estado enferma durante un tiempo y, al ser dada de alta, se ha dado cuenta de que ha crecido y ha adelgazado.
- Una mujer enfermiza a la que cuida su madre, delgaducha y pálida, con una hermana llamada Suzy.
- Una niña que ha estado enferma y ahora está asustada porque tiene muy mal aspecto y piensa que no está curada.

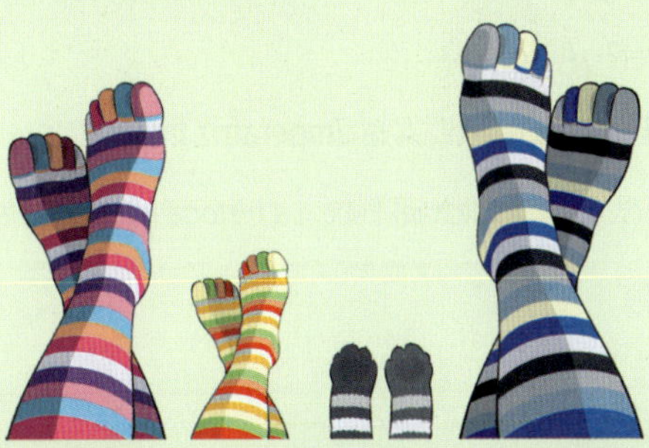

b. Al final su madre le ofrece ponerse:

- Unos vaqueros usados y un jersey nuevo.
- Unos pantalones vaqueros de color azul y un jersey de rombos negros.
- Unos vaqueros azules y un jersey de rombos heredados de su hermana Suzy.
- Una falda de pana que se le ha quedado corta y un jersey que su madre le ha comprado para celebrar que se ha recuperado.

3 ¿Quién es la protagonista y quién narra la historia?

4 ¿Cuál crees que va a ser el próximo paso que dará Chris?

5 La alimentación sana y equilibrada es fundamental en el correcto desarrollo del cuerpo y la mente. Chris se encuentra débil, su cuerpo ha crecido y ha adelgazado como resultado de una enfermedad. ¿Qué le recomienda su madre? ¿Qué otros consejos le darías tú?

6 Escribe un final para este fragmento como si se tratara de un microcuento.

LEER

La historia interminable

Vas a leer un fragmento de una novela del escritor alemán Michael Ende, que fue llevada al cine.

Observa esta fotografía de una de las secuencias de la película. Antes de comenzar a leer, intenta explicar de qué tipo de novela se puede tratar (realista, de amor, de misterio...) y por qué.

No sabía lo grande que era Fantasía.

Ahora luchaba contra aquel cansancio de piedra que quería dominarlo. Sus ojos oscuros, normalmente tan agudos como los de un aguilucho, no miraban ya a lo lejos. De vez en cuando hacía acopio de toda su voluntad, se enderezaba en su asiento y oteaba en derredor, pero pronto se ensimismaba otra vez, mirando solo, ante sí, el cuerpo largo y flexible del dragón, cuyas escamas de color madreperla brillaban rosadas y blancas. También Fújur estaba agotado. Hasta sus fuerzas, que habían parecido inmensas, se iban acabando poco a poco.

Más de una vez, en aquel largo vuelo, habían visto debajo, en el paisaje, aquellos lugares en que la Nada se extendía y que no se podían mirar sin tener la sensación de haberse quedado ciego. Muchos de esos lugares, vistos desde tanta altura, parecían aún relativamente pequeños, pero había ya otros que eran tan grandes como países enteros y se extendían hasta el lejano horizonte. El espanto se había apoderado del dragón de la suerte y de su jinete, y se habían desviado, volando en otra dirección, para no tener que contemplar aquel horror. Sin embargo, una cosa rara es que el horror pierde su espanto cuando se repite mucho. Y, como los lugares de aniquilación no disminuían sino que eran cada vez más numerosos, Fújur y Atreyu se habían acostumbrado poco a poco a ellos... o, más bien, les había entrado una especie de indiferencia. Apenas les prestaban ya atención.

Llevaban sin hablar mucho tiempo, cuando Fújur hizo resonar de pronto su voz de bronce:

—Atreyu, mi pequeño señor, ¿estás dormido?

—No —dijo Atreyu, aunque realmente había estado sumido en un sueño intranquilo—, ¿qué pasa, Fújur?

—Me pregunto si no sería más sensato volver.

—¿Volver? ¿A dónde?

—A la Torre de Marfil. A la Emperatriz Infantil.

Michael Ende: *La historia interminable.* Alfaguara

ARTE Y LITERATURA

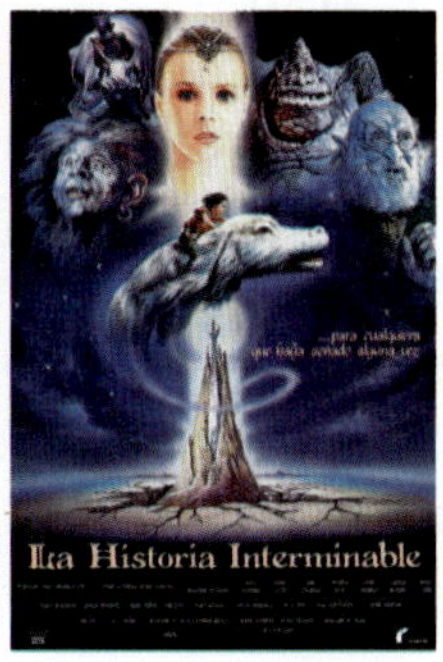

Entra en el canal YouTube y busca el tráiler en español de *La historia interminable*, publicado por Fantassy Land, y responde a las siguientes preguntas:

- ¿Qué animales fantásticos aparecen?
- ¿Hay algún objeto mágico?
- ¿En qué lugar y tiempo se desarrolla la acción?

ACTIVIDADES

1 Fíjate en que tanto Michael Ende como Asun Balzona están relatando unos hechos, ya sean reales o imaginarios, que les están sucediendo a varios personajes en unos lugares concretos. Escribe en tu cuaderno una frase en la que expliques qué le está ocurriendo a Atreyu y dónde y en otra lo que le sucede a Chris y en qué lugar.

2 En cuanto a los elementos principales de la narración, presta atención a quién cuenta la historia:

a. ¿Quién es el narrador en *La historia interminable*?

b. ¿Y en *La cazadora de Indiana Jones*?

c. ¿En qué persona se narra la historia en cada una de las novelas?

3 Otro elemento importante de la narración son los personajes. Describe con tus palabras a Atreyu (fíjate en la fotografía). Después describe a Chris, añadiendo rasgos psicológicos para completar su descripción.

4 ¿Crees que tanto Chris como Atreyu son los protagonistas de los fragmentos? Razona tu respuesta.

5 Añade un antagonista animal al fragmento de *La historia interminable* describiendo un ser que pueda enfrentarse a Atreyu (por ejemplo, para robarle algo) y convierte a Suzy en la antagonista de Chris añadiendo diálogo al fragmento.

6 La acción también es primordial, según lo que pretenda transmitir el autor con el ritmo de la acción: puede transcurrir a más velocidad o detenerse en un detalle para observarlo mejor. Lo mismo ocurre con los directores de cine. Imagina que eres un director de cine y estás rodando estas escenas: ¿Qué conseguirías con la narración pormenorizada de *La historia interminable*? ¿Y narrando la historia de Chris mediante diálogos?

7 El marco (espacio y tiempo) donde se desarrollan los acontecimientos de ambos fragmentos son lugares que podrían existir o no. Usa cinco adjetivos para describir el marco donde Ende ha ubicado a Atreyu y otros cinco para definir el que Balzona ha utilizado alrededor de Chris en esa escena.

8 La trama es el conjunto de hechos que conforman la historia, lo que les ocurre a los personajes. Explica con tus palabras qué crees que les ha sucedido a Atreyu y Chris para situar mejor esos fragmentos en la trama.

9 Las descripciones son muy importantes en una narración, ya que ayudan a conocer a fondo no solo la apariencia externa de los escenarios, sino también cómo son los personajes, por ejemplo. ¿Qué diferencias encuentras entre las descripciones de ambos textos?

10 Igualmente, los diálogos ayudan a expresar las emociones, los pensamientos, los deseos o la realidad de los personajes. Añade un diálogo entre Atreyu y su animal antagonista en el que el primero exprese su actitud hacia el segundo.

11 Si hay una palabra mágica dentro de una narración que quiera transportar al lector del mundo real al imaginario esa es sin duda la palabra *Fantasía*. Es como una puerta a otra dimensión: curiosidad, misterio, imaginación... Déjate llevar por tu fantasía. Imagina un desván de una casa del siglo XVIII. Escribe un microcuento que se desarrolle en él y cuyo protagonista sea un libro.

01 La narración

La **narración** es un tipo de texto que aparece frecuentemente en la vida cotidiana y en la literatura; podemos encontrarla de forma oral o escrita; en chistes, cuentos, novelas, biografías, noticias periodísticas, correos electrónicos o en una entrada de un blog o red social. Pero es especialmente en la literatura donde el género de la narración se convierte en un proceso creativo.

01.1 Elementos de la narración

El **narrador** relata una trama de **hechos** que les suceden a unos **personajes** en un **espacio** y un **tiempo** determinado. Así pues, los elementos de la narración son:

El narrador	Relata lo que ha sucedido
La acción	Los hechos que se cuentan. Responde a la pregunta ¿qué?
Los personajes	Aquellos que participan en la acción. Responde a ¿quién?
El espacio o lugar	Donde ocurre lo que se cuenta. Responde a ¿dónde?
El tiempo	El momento en el que transcurre la acción. Responde a ¿cuándo?

En las narraciones abundan los **verbos**. Lo habitual es que estén en **pasado**; aunque también se puede narrar en presente y en futuro, pero esto es menos frecuente, ya que se cuenta aquello que ya ha ocurrido.

Los textos narrativos se caracterizan por **admitir** dentro de ellos **otros tipos de textos** como son la **descripción** y el **diálogo**.

> Fue entonces cuando, a mediados de enero, llegó a Estella un jinete procedente de Francia. Entró en el burgo al atardecer y, sin detenerse a descansar, se presentó en nuestra casa y habló largamente con mi padre. Ignoro qué le dijo, pues se entrevistaron a solas y con mucho secreto [...].
>
> Sin embargo, una semana más tarde, mientras cenábamos, padre nos sorprendió al anunciar:
>
> —Debo ir a Compostela. Por asuntos del gremio.
>
> Madre le miró con expresión preocupada.
>
> —Es un viaje muy peligroso, León —protestó.
>
> —¡Bah! He pasado media vida en los caminos.
>
> —¿Y las obras? —pregunté—. Dentro de poco será la Purificación y habrá que reanudarlas.
>
> César Mallorquí: *La catedral*. SM

- **Tiempo**
- **Espacio**
- **Verbos en pasado**
- **Personajes**
- **Verbo** que introduce las palabras de los personajes: verbo de habla o **verbo *dicendi***.
- **Narrador**
- **Guion** que indica el comienzo y el fin de las frases del personaje.

La raya o guion largo

Para incluir diálogos en una narración, se usa la *raya*, llamado también *guion largo*. Se coloca delante de la intervención de cada personaje. Tras las palabras del personaje se pone otra para introducir el comentario del narrador.

Si este comentario comienza con un verbo de habla *(decir, preguntar, comentar...)*, irá en minúscula. Si no es así, la intervención se cerrará con un punto y la voz del narrador, tras una raya, irá con mayúscula.

–Ten cuidado –contestó su mujer–. Dicen que vamos a sufrir una tormenta.

La raya también se usa para encerrar aclaraciones o incisos, al igual que las comas o los paréntesis.

El narrador

El **narrador** es la voz que cuenta los hechos. Según se incluya o no como personaje en la historia, distinguimos entre:

Interno

En 1.ª persona. Puede ser: el **protagonista**, un personaje **secundario** o un **testigo** que apenas interviene en la historia.

Se encuentra dentro de la historia

Si no hubiera estado en una situación tan fastidiosa, igual se me habría ocurrido algo. Pero la situación era muy fastidiosa, cada vez más. Hacía mis esfuerzos, a ver de dónde y cómo había llegado hasta allí, dónde se situaba la casa, cómo era el camino, pero sentía sobre la cabeza una losa que me agarrotaba las respuestas.

Bernardo ATXAGA
Memorias de una vaca. SM

Externo

En 3.ª persona.

No se encuentra dentro de la historia

Los Dursley se fueron a la cama. La señora Dursley se quedó dormida rápidamente, pero el señor Dursley permaneció despierto, con todo aquello dando vueltas por su mente. Su último y consolador pensamiento antes de quedarse dormido fue que, aunque los Potter estuvieran implicados en los sucesos, no había razón para que se acercaran a él y a la señora Dursley.

J. K. ROWLING
Harry Potter y la piedra filosofal. Salamandra

Según el conocimiento que tenga de los sentimientos y pensamientos de los personajes, podemos distinguir dos tipos de narrador:

- **Omnisciente.** Sabe todo lo que piensan y sienten los personajes. Lo más frecuente es que el narrador omnisciente use la tercera persona.
- **No omnisciente.** Solo conoce lo que él observa o piensa e ignora lo que piensan o sienten los personajes. Cuando el narrador es un testigo o personaje secundario, no suele ser omnisciente.

Algunos conectores temporales

En la narración aparecen también elementos que organizan los hechos y que sirven para presentar y ordenar en el tiempo: *entonces, un tiempo después, durante un tiempo, a continuación, mucho más tarde...*

Los personajes

Se pueden clasificar desde muchos puntos de vista. Pueden ser **planos** (si no evolucionan psicológicamente a lo largo de la obra o representan cualidades como la avaricia, la generosidad) o **redondos** (su personalidad es más compleja y rica en matices); **protagonistas** o **principales**, **antagonistas** (que son lo opuesto del protagonista) y **secundarios** (si son menos importantes en la obra).

El tiempo y el espacio narrativos

El tiempo y el espacio narrativos se conocen con el nombre de **marco narrativo,** ya que delimita el ambiente en el que se desarrolla la historia contada.

El **tiempo narrativo** es el momento en el que sitúa el narrador para contar el relato. Habitualmente se recurre a la narración del pasado por medio del uso del **pretérito perfecto simple**, acompañado de diferentes **marcadores temporales.**

> Al principio, los niños no captaron más que aquello, pues la bóveda era mucho más luminosa que los muros y el suelo, que se mantenían en penumbra.
>
> Enseguida fueron advirtiendo que aquel firmamento no era solo muy bello para la vista, sino también para los oídos [...].
>
> Luego resonaron unas trompetas majestuosas, la luz de la bóveda fue disminuyendo y una aurora boreal de luminosas cortinas multicolores fue descendiendo hasta el suelo.
>
> José A. DEL CAÑIZO: *El maestro y el robot*. SM

Conector o marcador temporal.

Perífrasis verbal en pasado que indica una situación que dura en el tiempo.

Forma verbal de pretérito perfecto simple que implica acción momentánea.

Asimismo, **el tiempo** puede desarrollarse en dos planos:

- El tiempo **de la historia.** Se refiere al inicio y término de los hechos narrados en un texto y puede representar días, años, siglos, o unas pocas horas.
- El orden **de la narración.** El orden de la narración normalmente gira en torno a una estructura lineal de planteamiento, nudo y desenlace. No obstante, en ocasiones puede haber saltos hacia atrás, es decir, lo que se llama *flash-back* (por ejemplo, cuando un narrador cuenta desde la vejez los recuerdos de su vida), o incluso se acelera el ritmo de la narración por medio de la elipsis (el narrador no relata parte de la historia) o el resumen.

Por otro lado, **los espacios** pueden representar numerosos lugares: paisaje urbano, paisaje rural, una habitación, un castillo terrorífico, etc. Se debe tener en cuenta que los espacios pueden ser:

- **Realistas:** se describen espacios basados en la realidad.
- **Imaginarios:** se describen espacios extraídos de la imaginación y fantasía del autor.

Todo ello dependerá de quiénes sean los protagonistas y en qué época estén situados.

> —No, Dador —dijo—. Quiero que eso lo guarde, para tenerlo con usted cuando yo me haya ido.
>
> * * *
>
> Por la mañana Jonás volvió a casa, saludó alegremente a sus padres y mintió con soltura sobre la noche tan atareada y agradable que había pasado.
>
> Su padre sonrió y mintió con soltura también sobre el día tan atareado y agradable que había tenido la víspera.
>
> A lo largo de toda la jornada escolar, en las clases, Jonás repasó el plan mentalmente. Parecía de lo más simple.
>
> Lois LOWRY: *El Dador*. Everest

Signo que nos indica una elipsis

Verbos en pasado

Espacio real

Resumen

ACTIVIDADES

1 Lee el siguiente fragmento de una novela e identifica la parte narrativa de la descripción y del diálogo. A continuación, escribe en tu cuaderno los verbos de cada una de ellas y di qué tiempo predomina.

Al día siguiente, como es natural, acudí al colegio dispuesto a observar a Elías. [...] De lejos parecía exactamente lo que su hermana me había descrito: Un heavy descafeinado, traicionado por el pelo, que su padre le obligaba a llevar bien cortadito, por el acné de la cara, que le reblandecía una expresión que pretendía ser de asesino a sueldo, por una cazadora de piel demasiado nueva y por una pulcra camisa que su mamá debía plancharle cada noche mientras él soñaba plácidamente.

De cerca, pude observar que tenía la cara como un mapa. Le habían dado algunos puntos en el labio y en una ceja, y sus gafas oscuras no conseguían ocultar del todo un espectacular moretón en su ojo derecho.

—No parece peligroso —comentó Pili.

—Más bien da lástima —corroboré yo.

Andreu Martín y Jaume Ribera
No pidas sardina fuera de temporada. Alfaguara

2 * Continúa la conversación siguiendo las normas gráficas sobre guiones que has estudiado.

3 Identifica en el siguiente texto los elementos propios de la narración (narrador, personajes, espacio y tiempo).

El joven estudiante de letras Giovanni Conti llegó a Padua al atardecer de un domingo de marzo. Había hecho un largo y penoso viaje desde Nápoles, su ciudad natal, para asistir a un curso de documentación histórica impartido por el ilustre profesor Giacomo Amadio, maestro de cronistas y literatos. Corría el año de 1792.

Giovanni bajó del traqueteante carruaje molido por los bandazos que había soportado durante la marcha. El polvo del largo camino cubría sus ropas y su cara. Los ojos le escocían. Anduvo unos primeros pasos con dificultad.

Joan Manuel Gisbert
Los espejos venecianos. Edelvives

4 Identifica el tipo de narrador según la persona y el grado de omnisciencia. Vuelve a escribir el texto cambiando el tipo de narrador.

Jeremiah había entrado en la sala justo cuando subastaban aquel cuadro de Botticelli y se había reunido allí con la persona que lo estaba esperando, una joven pelirroja de gesto preocupado. Los dos se habían quedado al fondo de la habitación, expectantes, sin llamar la atención; ella le había señalado en silencio la primera fila, donde se hallaba sentado lord Clayton, y después había salido al exterior, dejando el asunto en manos de Jeremiah.

El joven sabía que había llegado a tiempo, pero no por ello bajó la guardia. Podía sentir perfectamente la impaciencia de lord Clayton. Sabía lo que sucedería si se interponía entre aquel hombre y lo único que ansiaba en el mundo, pero no tenía otra opción.

Laura Gallego
El coleccionista de relojes extraordinarios. SM

5 Explica todo lo que puedas del tiempo y el espacio del siguiente fragmento, contestando las siguientes preguntas:

a. ¿Dónde y cuándo transcurre? ¿Cómo lo sabes?

b. ¿Hay alguna elipsis o resumen en el texto? ¿Y algún salto en el tiempo?

c. ¿De qué tipo de espacio se trata? ¿Qué nos dice de los personajes?

He vuelto a dormir, creo que durante varias horas. Lo primero que me ha llenado los ojos al abrirlos ha sido el azul profundo, casi violeta, del cielo. Me he incorporado de golpe, recordando bruscamente todos los sucesos de ayer. Parece que hace un siglo desde que atravesamos la llanura salada de Eldir, y sin embargo, el reloj de mi rueda neural indica que ni siquiera han transcurrido veinticuatro horas. Busco el sol con la mirada, y lo veo brillar sobre una corona de montañas, bastante alto ya sobre el horizonte. Está claro que, en este planeta, los días y las noches duran menos que en la Tierra.

Ana Alonso y Javier Pelegrín
El palacio del silencio. Anaya

02 La novela

La **novela** es un **subgénero narrativo extenso** que se caracteriza por desarrollar de forma amplia y detallada una o varias tramas que afectan a distintos personajes en un tiempo y un espacio concretos. Suelen clasificarse según el tema del que tratan o por cómo están narradas. Algunos tipos son:

Novela negra o policíaca	Trata sobre un misterio o intriga relacionada con detectives, espías o crímenes.
Novela rosa o romántica	Gira en torno a aventuras amorosas.
Novela histórica	Está ambientada en algún período del pasado.
Novela fantástica	Sus historias y personajes son imaginarios, no existen en la realidad.
Novela de misterio y terror	Tratan asuntos que provocan el miedo del lector. Normalmente está narrada en primera persona. Muchas veces se trata de un miedo de tipo psicológico; o abundan personajes imaginarios como fantasmas o vampiros.
Novela de ciencia ficción	Normalmente ambientada en el futuro, fabula sobre los posibles adelantos científicos y tecnológicos.
Novela realista	Trata de retratar la vida real.

Cuando aparecen varias novelas que presentan una coherencia en los personajes o el mundo que presentan, se dice que forman una **saga** (cuando son tres solamente, se habla de **trilogía**). Son famosas, por ejemplo, *El señor de los Anillos,* de J. R. R. Tolkien, ambientado en un lugar llamado la Tierra Media; *Harry Potter,* de J. K. Rowling, con siete libros que cuentan la adolescencia de un joven mago.

A continuación profundizaremos en las características de la novela realista y de la novela de ciencia ficción.

02.1 La novela realista

Se caracteriza por mostrar historias cotidianas que **imitan fielmente** la **realidad** del tiempo en que se escribieron. Los temas suelen incluir alguna **crítica social**, de manera que el lector reflexione sobre las condiciones de la vida de los personajes que se muestran. También suelen mostrar vivencias de esos personajes frente al amor o la muerte, relaciones familiares...

El cuartillo, decía siempre mi madre, serviría en el futuro de desahogo o trastero, porque es tan chico que da vergüenza llamarlo habitación de invitados. En el cuartillo hay una cama-mueble para cuando vienen mi tío Nicolás y su novia de Noruega, está la tabla de la plancha, mi bici, la aspiradora, la bici estática que compró mi padre cuando le subieron todas las transaminasas, hay una nevera de campo que la Luisa no quería porque ya tenía casa de campo con neverón, hay una mesa de camping que la Luisa tampoco quería, una caja con los legos, mis puzles y el juego de arqueología, el cubo de la ropa sucia... El cuartillo siempre sirvió de desahogo y casi no podías abrir la puerta.

Elvira Lindo
Mejor Manolo. Alfaguara

Narrador en 1.ª persona, aunque puede estar en 3.ª persona y ser omnisciente o no.

Crítica social: el tamaño de las viviendas.

Lenguaje cotidiano e incluso registro coloquial.

Espacios y **situaciones** realistas.

Personajes cotidianos y creíbles.

02.2 La novela de ciencia ficción

Esta novela se caracteriza por situarse en el futuro con respecto al momento en que se escribe, en un mundo que el autor imagina transformado por los avances científicos.

Los temas suelen ser la convivencia entre máquinas y seres humanos, los viajes en el tiempo, la exploración de las estrellas... La narración se llena de detalles sobre el mundo evolucionado tecnológicamente que representan.

> Cuando llegaban a este punto, Hal solía no seguir. Sabía quién era y qué quería, y lo sabían muchos hombres y mujeres. Pero ¿cómo explicárselo a una máquina, aunque fuera un sofisticado cerebro electrónico del tipo 2-E? En este aspecto, el director del Instituto de Investigaciones no era muy distinto de Ark 6-1117.
>
> El tubo de aire comprimido lo llevó desde el nivel del suelo hasta su piso. Salió de él y llegó hasta su puerta. Puso la mano derecha sobre una placa de metal, y la puerta se abrió. Al instante, los servicios internos de la vivienda se pusieron en funcionamiento: nivel de temperatura, luz, acondicionamiento, oxigenación y un largo etcétera. Fue a su habitación y se quitó la ropa de calle para ponerse una cómoda túnica.
>
> Jordi Sierra i Fabra: *Trilogía de las Tierras.* Siruela

Narrador omnisciente. Este puede ser en primera o tercera persona.

Los personajes suelen incluir **robots humanoides o personajes inventados.**

Espacios futuristas. Se describen máquinas futuristas, como naves espaciales o trenes siderales y se visitan otros mundos inalcanzables.

02.3 Narrar en las artes

El arte puede adoptar un carácter narrativo, en función de la realidad representada. Con frecuencia ha desempeñado una función conmemorativa o histórica, inmortalizando las gestas u obras de héroes, emperadores y reyes. Las pinturas y los relieves de los templos, por ejemplo, también han asumido un papel didáctico o religioso, al explicar al pueblo ciertos sucesos bíblicos. En otras ocasiones, se han plasmado escenas de la vida cotidiana, costumbres de los pueblos, escenas mitológicas...

Fíjate en el *Guernica,* de Pablo Picasso, que pintó en 1937 con motivo del bombardeo de Guernica (Vizcaya) durante la Guerra Civil.

Entra en el canal YouTube y busca *Guernica 3D,* publicado por HellArte. ¿Qué sentimiento te provocan las figuras que aparecen? Explica qué otras figuras aparecen en el vídeo y qué crees que pueden simbolizar.

Todos estos elementos podrían unirse en una noticia (piensa que el blanco y negro recuerda los periódicos de la época) o un fragmento de novela. ¿Lo intentas?

ACTIVIDADES

1 El título es, en muchas ocasiones, revelador sobre el subgénero al que pertenece una novela. Escribe en tu cuaderno el subgénero al que crees que pertenecen los títulos siguientes:

a. *La prisionera de Roma,* de José Luis Corral.

b. *Yo, Robot,* de Isaac Asimov.

c. *Crímenes que no olvidaré,* de Alicia Giménez Bartlett.

d. *La lucha por Britania,* de John James.

e. *Un mago de Terramar,* de Úrsula K. LeGuin.

f. *La guerra de los mundos,* de H. G. Wells.

g. *La herencia,* de John Grisham.

2 Inventa un marco que sirva para crear una novela histórica, romántica o de ciencia ficción. Concreta el tiempo y el espacio en que transcurre.

3 ¿Crees que el siguiente consejo de Horacio Quiroga es para cuentistas o para novelistas? Justifica la respuesta.

> No adjetives sin necesidad. Inútiles serán cuantas colas de color adhieras a un sustantivo débil. Si hallas el que es preciso, él solo tendrá un color incomparable. Pero hay que hallarlo.

Horacio Quiroga
www.ciudadseva.com

4 A veces las novelas se valen de cartas o diarios para que avance la acción. ¿En qué tipo de novela se insertaría esta carta? Justifica tu respuesta e inventa una trama en la que encaje el fragmento.

> Querido tío y venerado maestro: Hace cuatro días que llegué con toda felicidad a este lugar de mi nacimiento, donde he hallado bien de salud a mi padre, al señor vicario y a los amigos y parientes. El contento de verlos y de hablar con ellos, después de tantos años de ausencia, me ha embargado el ánimo y me ha robado el tiempo, de suerte que hasta ahora no he podido escribir a Vd.
>
> Vd. me lo perdonará.
>
> Como salí de aquí tan niño y he vuelto hecho un hombre, es singular la impresión que me causan todos estos objetos que guardaba en la memoria. Todo me parece más chico, mucho más chico; pero también más bonito que el recuerdo que tenía.

Juan Valera: *Pepita Jiménez.* Austral

5 El siguiente texto es un fragmento de una novela de terror. Busca en él alguna característica de este tipo de novelas.

> Su piel amarillenta apenas si ocultaba el entramado de músculos y arterias; tenía el pelo negro, largo y lustroso, los dientes blanquísimos; pero todo ello no hacía más que resaltar el horrible contraste con sus ojos acuosos, que parecían casi del mismo color que las pálidas órbitas en las que se hundían, el rostro arrugado, y los finos y negruzcos labios. [...]
>
> Incapaz de soportar la visión del ser que había creado, salí precipitadamente de la estancia. Ya en mi dormitorio, paseé por la habitación sin lograr conciliar el sueño. Finalmente, el cansancio se impuso a mi agitación, y vestido me eché sobre la cama en el intento de encontrar algunos momentos de olvido. Mas fue en vano; pude dormir, pero tuve horribles pesadillas.

Mary Shelley: *Frankenstein.* EFOCUS editor

6 Imagina una trama que sirva para escribir una novela de terror. Indica, además, cuáles serían los personajes principales y qué relación habría entre ellos ¿Qué persona verbal se suele usar en este tipo de novelas?

7 *El aprendiz de brujo* es una historia que varios autores han versionado, en la que un muchacho pretende hacer un encantamiento, imitando a su maestro; comienza ilusionado, pero el hechizo se le va de las manos, creando caos y confusión.

Accede al canal YouTube y busca «El Aprendiz de Brujo. Paul Dukas. OSRTVE. Dir. Álvaro Albiach» y trata de identificar la presentación, el nudo y el desenlace.

8 Copia en tu cuaderno los conectores del siguiente fragmento, indicando si son temporales o espaciales.

Había por allí cerca varios caminos, pero a Dorothy no le costó encontrar el de ladrillos amarillos, y poco después avanzaba muy decidida en dirección a la Ciudad Esmeralda, con sus zapatos de plata tintineando alegremente sobre el duro suelo amarillo. El sol brillaba espléndido, los pájaros entonaban sus más dulces cantos, y Dorothy no se sentía tan apesadumbrada como se hubiera pensado de una niña pequeña que, de repente, se ha visto arrancada de su país y abandonada en medio de un mundo extraño.

F. L. Baum: *El maravilloso mago de Oz.* Anaya

9 ¿A qué tipo de novela pertenece el fragmento que acabas de leer? ¿Por qué lo sabes?

10 Lee el siguiente fragmento de la novela *Colmillo Blanco*, la historia de un lobo. ¿Qué tipo de novela crees que es? ¿Qué tipo de narrador aparece? Justifica tu respuesta con ejemplos del texto.

[...] Lo resistía todo, pero había quedado tan maltrecho que no podía ni moverse, y Smith tuvo que esperar más de media hora antes de que casi a rastras, con paso vacilante, el animal pudiera seguirle hasta el fuerte.

Esta vez le pusieron una cadena, contra la cual nada podían sus dientes, y que en vano trató de arrancar, con furiosas embestidas, de la argolla atornillada en un poste. A los pocos días, sobrio y arruinado, Castor Gris emprendió su largo viaje de regreso hacia el Mackenzie, río arriba por el Porcupine. Colmillo Blanco se quedó en el Yukón. Había pasado a ser propiedad de un hombre brutal y medio loco. Pero, ¿qué sabía un perro de locuras? [...] Él solo sabía que era su amo, a cuya voluntad debía someterse, obedeciéndole hasta en sus menores caprichos.

Jack London
Colmillo Blanco. Edelvives

11 Busca y anota en tu cuaderno los conectores temporales y los verbos que aparecen en el siguiente fragmento. Además, anota las acciones que duran un breve período de tiempo y el tiempo verbal utilizado.

El silencio le daba miedo. Y entonces oyó un leve rumor. A su espalda, en alguna parte, la brisa agitó las hojas. Jennifer se volvió asustada, creyendo que se le subían por encima Dios sabe qué extrañas criaturas, invisibles en la penumbra. Solo eran las primeras ráfagas de la brisa nocturna, pero para Jennifer todo aquel sombrío bosque estaba lleno de siniestros rumores y de ojos brillantes que la miraban hostiles. Luego, el viento amainó, volvió el silencio, y Jennifer llegó a pensar que era incluso peor.

Margaret J. Anderson
En el círculo del tiempo
SM

12 Ordena los hechos que tienen lugar en el fragmento anterior.

13 ¿A qué género pertenece el siguiente fragmento? Indica cuáles son los elementos de la narración justificando tu respuesta con ejemplos del texto.

—Cada vez que vayas a poner el pie en el suelo, da un pequeño empujón con el otro pie. Esto alargará tu paso y lo hará más fácil. No, no..., mírame.

Denison se detuvo con alivio y se fijó en Selene, esbelta y grácil, a pesar de su grotesco traje espacial, que daba saltos bajos y rítmicos. Volvió al lado de él y se arrodilló a sus pies.

—Ahora da un paso lento, Ben, y yo te golpearé el pie cuando quiera que lo levantes.

Lo intentaron varias veces y Denison dijo:

—Esto es peor que correr en la Tierra. Será mejor que descanse.

—Como quieras. Es que tus músculos no están acostumbrados a la coordinación adecuada. Eres tú quien lo hace difícil, no la gravedad. Bueno, siéntate y recupera el aliento. Ya no subiremos mucho más.

Isaac Asimov
Los propios dioses
Plaza y Janés

14 Continúa el fragmento de la actividad anterior con una descripción del lugar en el que imagines que están. Utiliza conectores espaciales adecuados.

ESCRIBIR

La novela realista

Las lanzas, pintado por el sevillano Diego Velázquez en 1634.

Busca en internet de qué otra manera se llama este cuadro.

Tu turno

1 Observa el cuadro de Velázquez e intenta imaginar el inicio de una novela realista. Para ello, sigue estos pasos.

Observación e invención de la historia

Observa minuciosamente la pintura y señala los principales elementos que aparecen: objetos importantes, vestimenta de los personajes, escenario…

Localiza el principal hecho que se narra en el cuadro, el cual guiará el desarrollo de tu texto.

Organización de los elementos y del narrador

Organiza y estructura los elementos de la historia y comienza la redacción. Escoge el tipo de narrador. Recuerda que cada opción implica unas características específicas relacionadas con el contenido de la información ofrecida.

Diálogo, descripción y personajes

Redacta un breve diálogo para los protagonistas, acorde con la conversación que se observa en el cuadro.

Introduce una breve descripción del paisaje o de la vestimenta de los personajes. No olvides que la descripción debe estar justificada en el desarrollo de tu historia, con el fin de responder a la verosimilitud, cotidianidad y cercanía que caracteriza toda novela realista.

Revisión del texto

Revisa el texto finalmente creado atendiendo a los siguientes aspectos: sucesos realistas o cotidianos, características del narrador elegido, unión de elementos narrativos-descriptivos-dialogados, ortografía.

El microcuento

ANIMACIÓN A LA ESCRITURA

El compositor Modest Mussorgsky unió música y pintura en su obra *Cuadros de una exposición*. Cada una de sus piezas constituye un verdadero microcuento musical inspirado en un cuadro de su amigo el pintor Hartmann: *Promenade, Gnomo, El viejo castillo, Ballet de los dos polluelos en sus cascarones, Samuel Goldenberg y Schmuyle, La cabaña sobre patas de gallina, La gran puerta de Kiev...*

Accede a YouTube y busca Mussorgsky-Ravel: «Cuadros de una exposición. OSRTVE / M. A. Gómez Martínez»; visiona del minuto 14:42 al minuto 15:57.

¿Qué título de los anteriores consideras que corresponde con la audición?

En *El agujero de Walpurgis*, una pandilla de chicos descubre un secreto terrorífico que marcará sus vidas. Junto con el miedo, descubrirán el amor y el valor de la amistad.

Tu turno

1 Como has podido observar en el vídeo, Mussorgsky unió con gran maestría música y pintura.

Realizad un proyecto similar a la obra de Mussorgsky empleando el microcuento para narrar vuestra personal exposición de unos microcuentos encadenados.

a. Formad grupos de cinco alumnos y escoged un tema para la exposición artística: mitología, historia, realeza... Después, buscad cinco cuadros acordes con el tema elegido. Cada uno de vosotros será el principal responsable de una de las pinturas.

b. Si lo consideráis oportuno, asociad a cada cuadro una breve pieza musical que pueda utilizarse de banda sonora de la historia que os sugiera la «lectura» del cuadro. Puede tratarse de música clásica, pop, rock, etc., pero debéis tener en cuenta que el fragmento elegido tiene que acompañar a la historia.

c. Redactad para cada cuadro un microcuento. Con tal fin, escoged un detalle o elemento significativo que os sirva de guía en el desarrollo de vuestro texto.

d. Revisad el resultado final, de forma que vuestros microcuentos cumplan los siguientes aspectos: brevedad, unión de lenguajes (verbal, pictórico y musical) con un mismo fin comunicativo, ortografía correcta.

e. Realizad un mural donde se combinen textos e imágenes con una de estas herramientas creativas: Canvas, Piktochart, PowerPoint...

f. Exponed el resultado al resto de los compañeros con la herramienta empleada.

EVALUACIÓN

Comprobad que los microcuentos que habéis creado cumplen con todas las propiedades de un microcuento pictórico:

- ¿Consideras que el desarrollo de los diferentes microcuentos hace reconocible cada una de las series pictóricas?
- ¿Cuál de los microcuentos creados desarrolla de manera más imaginativa el cuadro observado?
- ¿La elección de la música para acompañar el cuadro ha sido la correcta o ha distraído al lector?
- ¿La presentación y la ortografía de los microcuentos han sido correctas?

EVALUACIÓN

La mano

El doctor Alejo murió asesinado. Indudablemente murió estrangulado.

Nadie había entrado en la casa, indudablemente nadie, y aunque el doctor dormía con el balcón abierto, por higiene, era tan alto su piso que no era de suponer que por allí hubiese entrado el asesino.

La policía no encontraba la pista de aquel crimen, y ya iba a abandonar el asunto, cuando la esposa y la criada del muerto acudieron despavoridas a la Jefatura. Saltando de lo alto de un armario había caído sobre la mesa, las había *mirado,* las había *visto,* y después había huido por la habitación, una mano solitaria y viva como una araña. Allí la habían dejado encerrada con llave en el cuarto.

Llenos de terror, acudieron la policía y el juez. Era su deber. Trabajo les costó cazar la mano, pero la cazaron y todos le agarraron un dedo, porque era vigorosa como si en ella radicase junta toda la fuerza de un hombre fuerte.

¿Qué hacer con ella? ¿Qué luz iba a arrojar sobre el suceso? ¿Cómo sentenciarla? ¿De quién era aquella mano?

Después de una larga pausa, al juez se le ocurrió darle la pluma para que declarase por escrito. La mano entonces escribió: «Soy la mano de Ramiro Ruiz, asesinado vilmente por el doctor en el hospital y destrozado con ensañamiento en la sala de disección. He hecho justicia».

Ramón Gómez de la Serna: «La mano»
www.ciudadseva.com

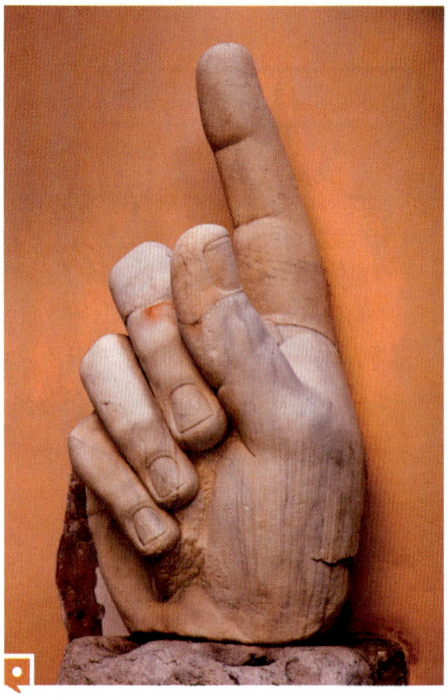

Mano de la estatua del emperador Constantino situada en el Foro romano (Roma).

1 Haz una lista de los personajes que aparecen en la historia y di qué hechos realizan o les suceden a cada uno de ellos. A continuación, escríbelos en el orden que ocurrieron. ¿Es el mismo que en el que se cuentan? Explica las diferencias.

2 Responde a estas preguntas:

a. ¿Por qué la policía no encontraba pistas del crimen?

b. ¿Se encontró al asesino? Justifica la respuesta.

c. ¿Por qué había sido asesinado el doctor Alejo?

d. Sustituye por un sinónimo las palabras *despavoridas, vigorosa, vilmente.*

3 Anota los verbos agrupándolos según sea su tiempo verbal.

4 Después de leer el texto, prepara una actuación en la que se lo cuentes al resto de tu clase utilizando los gestos y el tono de voz adecuados. También puedes grabarte en casa y exponer el trabajo en clase. Recuerda: no se trata de leer en voz alta.

5 Señala, si los hay, fragmentos descriptivos y de diálogo.

6 Caracteriza al narrador de este texto: ¿en qué persona está? ¿Es omnisciente? Copia en tu cuaderno las expresiones en que se observe si es o no omnisciente.

7 ¿En qué época y lugar sucede la acción? Escribe esta misma historia ambientada en la Prehistoria, en el futuro o en una isla del Pacífico.

EVALUACIÓN

1 Completa en tu cuaderno este esquema de los elementos de la narración y de la clasificación de las novelas.

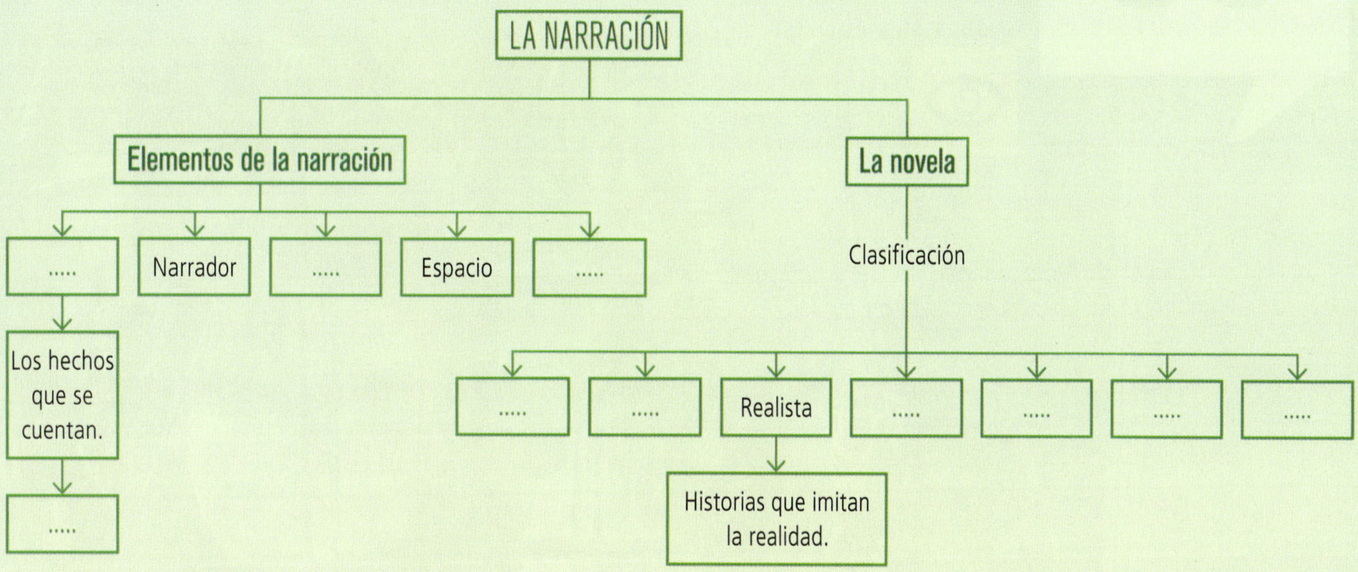

2 Escribe cinco consejos que darías a un cuentacuentos para ganarse la atención de su público.

3 Lee el siguiente texto y anota todos los verbos y sus tiempos. A continuación, copia en tu cuaderno la parte dialogada y la descriptiva. Finalmente, indica el narrador, la acción, los personajes y el marco.

Reuniéronse entonces los soldados, y deliberaron, para decidir mi suerte. Mientras esto ocurría, continuaba mi señor erguido en el patio, como una estatua negra, y yo frente a él, maniatado, apenas vestido con la camisa, y las piernas desnudas. Mas no experimentaba frío, ni dolor alguno. Como si fuera otra estatua, blanca e indiferente a todo lo sucedido o por suceder en ese mundo.

Cuando regresaron los soldados, el anciano tomó la palabra:

—Señor —dijo—, vuestros hombres estiman que el joven escudero no cometió crimen alguno, sino un acto de justicia.

El Barón ordenó me libraran de las ligaduras, y cada uno regresó a su puesto, tan silenciosos como jamás se habían mostrado. Mientras el viejo soldado me desataba las manos, murmuró:

—Gracias, joven caballero.

Ana María Matute
La torre vigía
Destino.

4 ¿Qué tiempo verbal predomina en el siguiente fragmento? ¿Cuándo ocurrió? Reescribe el texto usando tiempos de pasado.

De puntillas, de puntillas, para no despertar a Piedad, entran en el cuarto de dormir el padre y la madre. Vienen riéndose como dos muchachones. Vienen de la mano, como dos muchachos. El padre viene detrás, como si fuera a tropezar con todo. La madre no tropieza; porque conoce el camino.

José Martí: «La muñeca negra», *Cuentos completos*. Anthropos

5 ¿Qué género narrativo contiene más fragmentos descriptivos: la novela o el cuento? ¿Por qué?

6 Une en tu cuaderno los siguientes ejemplos con el término correspondiente: resumen, elipsis, *flash-back*, salto adelante.

a. «Estuvo todo el verano trabajando».

b. «Ahora, en mi vejez, recuerdo mi infancia».

c. «Siete años después…».

d. «En ese instante vio su propia muerte, que ocurriría muchos años después».

DIARIO DE APRENDIZAJE

¿Qué conocimientos previos me han resultado útiles para entender esta unidad?

05 Entre bastidores

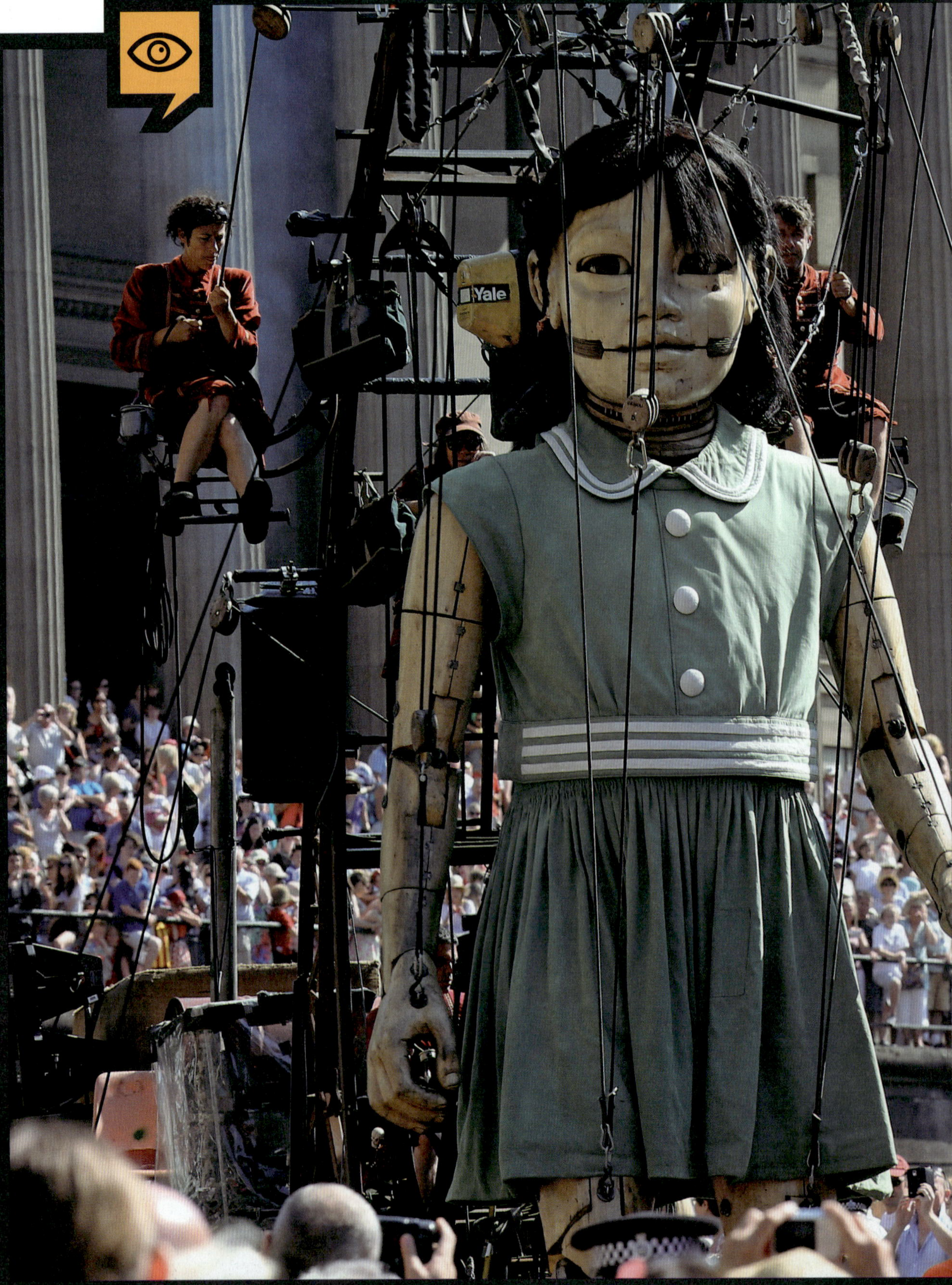

¿Cuánto interés me suscita este tema?

1 ¿La fotografía hace referencia a algún tipo de teatro?, ¿a cuál?

2 ¿Crees que se puede hacer teatro solo con la voz?

3 Si tuvieras que elegir una novela o una película para hacer una obra de teatro, ¿cuál sería? ¿Por qué la has elegido? ¿Qué cambios habría que hacer?

Accede a Internet y busca «RNE estrena la ficción sonora *La isla del tesoro*». Observa el vídeo sobre el radioteatro y contesta las siguientes preguntas:

1 ¿Quién es el autor de *La isla del tesoro*?

2 ¿Quiénes son los protagonistas? ¿Qué actores los representan?

3 ¿Te resulta atractiva la aventura de piratas y un tesoro escondido? ¿Con qué películas puedes relacionar el libro?

ESCUCHAR Y HABLAR

El radioteatro

La radio apareció a comienzos del siglo XX y, en esa época, junto con los periódicos, era el único medio para estar informado de lo que ocurría en el país o en el extranjero, aunque también servía como entretenimiento para la población en general. La radio ofrecía diversos tipos de programas de distintos **géneros radiofónicos**, como el radioteatro (también conocido como radiodrama o radioficción) y la **radionovela.** Esta última tiene una serie de características semejantes a la telenovela televisiva. Por su parte, el **radioteatro** se centraba en la representación de una obra teatral solamente mediante la voz. De esta manera, se podía disfrutar de obras teatrales radiadas, aunque no se pudiera ir al teatro, y presenciarlas en vivo y en directo.

El teatro y el radioteatro tienen en común algunos elementos, como, por ejemplo, la actuación vocálica de los actores, la música, los efectos especiales o los silencios.

La principal diferencia entre el teatro tradicional y el radioteatro es la ausencia del aspecto visual en el segundo. Mientras que, acudiendo al teatro, el espectador observa cómo se mueven los personajes, cómo van vestidos o sus gestos, en el radioteatro, los oyentes tienen que imaginarse estos elementos y centrarse en la voz que sale del aparato de radio.

Así pues, el radioteatro tiene las siguientes características, que hacen que se diferencie de la actuación teatral en general:

- Se hace **imprescindible la presencia de un narrador** que supla las acciones que se observan en el teatro y guíe la historia.
- Las emociones que expresan los gestos deben verse reflejadas en el **tono de voz** de los actores, así como en **los silencios.**
- Se apoya en **elementos no lingüísticos,** como efectos musicales o sonidos.

De este modo, el público debe concentrar su atención en el texto dialogado de los actores, en la música o en los efectos sonoros, que hacen las veces de efectos especiales.

Una de las obras más conocidas de radioteatro se emitió en Estados Unidos: la ficción novelesca de H. G. Wells, *La guerra de los mundos*, radiada por el director de cine Orson Wells en 1938. Sin embargo, este género cayó en el olvido con el *boom* de la televisión, y décadas más tarde con el auge de Internet, aunque hay varias cadenas de radio muy conocidas en lengua española que están recuperando este género como producto de la cultura actual. Por otra parte, esta modalidad de teatro oído también se aplica a los programas de audiorradio a los que las personas con discapacidad visual pueden acceder cuando se emite una película en la televisión.

En *La guerra de los mundos* un grupo de extraterrestres ataca el planeta Tierra y cunde el pánico entre la población. Cuando se estaba representando esta obra a través de la radio, muchos radioyentes tomaron en serio la emisión y creyeron que un grupo de marcianos estaba atacando nuestro planeta realmente.

Tu turno

1 Busca en Internet «Escucha la versión remasterizada de La isla del tesoro, última ficción sonora de RNE», escucha el audio (del minuto 09:14 al 11:40) y responde a las siguientes preguntas.

a. ¿Puedes identificar a los protagonistas?

b. ¿Sabes qué están haciendo simplemente escuchando sus voces?

c. ¿Qué efectos sonoros aparecen y a qué se refieren?

d. ¿Sabrías describir el escenario donde se desarrollan las acciones?

e. ¿Cómo crees que van vestidos los protagonistas?

2 Realiza con tus compañeros una grabación de radioteatro sobre una aventura de marcianos o de piratas siguiendo estas instrucciones.

Creación de la historia

Haced grupos de cuatro alumnos y proponed un esquema básico para una historia con los siguientes elementos:

a. **Pensad en una acción importante:** lucha, persecución, enfrentamiento entre personajes...

b. **Definid los personajes.** Inventad dos personajes de características positivas y otros dos de características negativas, y repartid los papeles.

c. **Seleccionad la música y los efectos sonoros.** Deben acompañar la acción.

d. **Desarrollad un pequeño guion.** Poneos de acuerdo sobre qué es lo que les pasará a los personajes y qué es lo que diréis cada uno de vosotros.

En el guion, tenéis que seguir los siguientes pasos:

- Poned un nombre a cada personaje.
- Cada vez que intervenga un personaje, escribid su nombre en letras mayúsculas. Lo que dice ponedlo detrás de un punto y una raya (.—).
- Si en vuestra intervención, un personaje llora, grita, o pone mayor énfasis en lo que está diciendo, tenéis que incluirlo entre corchetes ([ ]). Recordad que los elementos visuales no están presentes, por lo que el oyente tendrá que imaginárselo todo.
- Incluid otros ruidos o efectos sonoros que sean acordes a las acciones que habéis decidido representar. Por ejemplo, si es una lucha con espadas, haced el ruido con algo metálico. Los efectos sonoros también pueden provenir de fuentes de sonidos digitales que podéis encontrar en la red.

Grabación de la historia

Una vez que todos estos pasos estén claros, preparad vuestra ficción sonora y grabadla. No olvidéis que las ficciones sonoras que preparéis no deben superar los tres minutos.

AUTOEVALUACIÓN

Evalúa el trabajo que has realizado con tus compañeros comprobando las siguientes cuestiones:

- Todos los personajes tienen un nombre.
- Los personajes tienen características definidas.
- He incluido efectos sonoros a modo de efectos especiales.
- He incluido corchetes en los momentos en que mi personaje expresa o hace algo con énfasis.
- He cambiado la voz y he entonado adecuadamente el texto que dice mi personaje.

LEER

La dama del alba

En la comunicación y sobre todo en la literatura, se crean personajes alegóricos como la Muerte, la Justicia... Observa esta escultura que se encuentra en Piccadilly Circus, en Londres. ¿Reconoces qué personaje representa?

Vas a leer un fragmento de una obra de teatro en el que hay otra figura alegórica, «la Peregrina». ¿Qué crees que podría representar?

PEREGRINA.—Dios guarde esta casa y libre del mal a los que en ella viven.

TELVA.—Amén. ¿Busca posada? El mesón está al otro lado del río.

PEREGRINA.—Pero la barca no pasa a esta hora.

MADRE.—Déjala entrar. Los peregrinos tienen derecho al fuego y traen la paz a la casa que los recibe.

(Pasa la PEREGRINA. TELVA vuelve a cerrar).

DICHOS Y LA PEREGRINA

ABUELO.—¿Perdió el camino?

PEREGRINA.—Las fuerzas para andarlo. Vengo de lejos y está frío el aire.

ABUELO.—Siéntese a la lumbre, y si en algo podemos ayudarle... Los caminos dan hambre y sed.

PEREGRINA.—No necesito nada. Con un poco de fuego me basta. *(Se sienta a la lumbre).* Estaba segura de encontrarlo aquí.

TELVA.—No es mucho adivinar. ¿Vio el humo por la chimenea?

PEREGRINA.—No. Pero vi a los niños detrás de los cristales. Las casas donde hay niños siempre son calientes. *(Se echa atrás la capucha, descubriendo un rostro hermoso y pálido, con una sonrisa tranquila).*

ANDRÉS *(En voz baja).*—¡Qué hermosa es...!

DORINA.—¡Parece una reina de cuento!

PEREGRINA *(Al abuelo, que la observa intensamente).*—¿Por qué me mira tan fijo? ¿Le recuerdo algo?

ABUELO.—No sé... Pero juraría que no es la primera vez que nos vemos.

Alejandro CASONA: *La dama del alba.* Castalia

ESTRATEGIAS DE LECTURA

¡Reinvéntate!

En ocasiones, la capacidad de adaptación de una persona condiciona el resultado de su esfuerzo.

- Conoce tus puntos fuertes y tus puntos débiles. Los débiles pueden ser positivos si trabajas para mejorarlos.
- A la hora de leer, si la forma en la que lo haces no te funciona, debes cambiarla. ¿Lees a la velocidad que te permite tu hábito o vas demasiado deprisa?
- Si lees un fragmento y no eres capaz de resumirlo sin volver a leerlo, es posible que tengas poco hábito de lectura. Plantéate leer diariamente algo que te guste: puedes empezar con un cómic, por ejemplo.
- Si te das cuenta de que tras leer no recuerdas lo leído, puede ser que no estés en tu punto óptimo de concentración. Evita distracciones como el móvil, la televisión, música fuerte...
- No es lo mismo «sino» que «si no», no es lo mismo «como, es normal» que «como es normal»... Aprende a usar correctamente los signos de puntuación, la prosodia (la pronunciación, acentuación), las reglas... ¡La gramática no es dramática!
- El esfuerzo hace mejores a las personas. En la mayoría de los casos, de ti depende mejorar.

MÁS QUE PALABRAS

1 Enriquecer el léxico es fácil si guardas sinónimos en tu vocabulario activo. Utiliza el texto como excusa para generar sinónimos de estas palabras o encontrarlos en él: *lumbre, mesón, niño, casa, cansada, observar.*

2 Has leído un fragmento de teatro, ahora intenta usar la poesía. Añade al diálogo un nuevo personaje que conteste a la Peregrina rimando con la última frase de esta.

3 Se podrían relacionar varios refranes con este fragmento. Busca al menos dos.

4 Las acotaciones son características de los textos dramáticos. Señala las que hay en la pieza anterior y sustitúyelas por otras de tu invención.

ACTIVIDADES

1 Este fragmento de *La dama del alba* cuenta que:

a. Una hermosa mujer cansada y hambrienta llega a una casa.

b. Una mujer encapuchada llega a una casa guiada por unos niños al verla cansada.

c. Una peregrina llega a una posada al ver el humo de la chimenea y pide acomodo.

d. Una hermosa y pálida mujer llega cansada a una casa buscando calor.

2 Describe a la peregrina usando tres adjetivos.

3 Señala cuáles de las siguientes afirmaciones son verdaderas o falsas. Justifícalo con el texto.

a. La peregrina es una joven gitana.

b. El abuelo siente que ya conoce a la recién llegada.

c. En la casa hay tres personas cuando llega la peregrina.

d. La peregrina es recibida de buen grado.

4 ¿Por qué la peregrina no cruza el río para ir al mesón?

a. Porque está cansada.

b. Porque no tiene dinero para pagar al barquero.

c. Porque ya no pasan barcas esa noche.

d. Porque hace mal tiempo y necesita resguardarse.

5 Aventúrate a explicar por qué la peregrina le resulta familiar al abuelo.

6 Indica si la historia se desarrolla en un entorno urbano y explica por qué lo piensas.

7 Copia en tu cuaderno el resumen del fragmento de la obra y complétalo con las palabras adecuadas.

La peregrina es una ...①... hermosa y ...②... que llega a una casa cerca del ...③.... Siente ...④... y frío pero no tiene ...⑤... ni ...⑥... por lo que solo busca la calidez de una ...⑦... encendida. O quizás la cálida compañía de otras ...⑧....

8 ¿Qué piensas de la peregrina? ¿Es un personaje bueno o malo? El título de la obra puede darte pistas.

LEER

La piel del león

Observa la escultura del león con escudo que se encuentra en el Palacio Residenz, en Múnich (Alemania). Los leones tienen una simbología compartida en todas las culturas. ¿Qué crees que simbolizan?

(Se hace el oscuro, arropado por música sinfónica, quizá de Vivaldi. Inmediatamente, la iluminación general baña el escenario. La música seguirá sonando. El decorado nos traslada a un retazo de selva. La luz de un esplendoroso día inunda, casi heridora, el ambiente. De los árboles se derrama, alegre, el silbo de los pájaros. Con paso cansino, llega un León de aspecto fiero y cuidada melena, como recién salido de la peluquería. Se estira felinamente y ruge sin demasiado entusiasmo. Diríase que acabara de despertar de la siesta. De la maleza surge con aires de aparecido el Duende de las Plantas. Es un duendecillo alegre y vivaz, y verde todo él, tanto su piel y su escarolada cabellera como su vestimenta. Se acerca al León. Cesa la música.)

Duende.—¿Adónde vas, «Leoncio»? *(El León, por toda respuesta, se vuelve, lo mira y ruge débilmente. Todos estos rugidos del León pueden ser conseguidos mediante «playback».)* ¡Ay!, cuándo lograréis hablar los leones… Podríais aprender de los papagayos. Cierto que no son muy buenos conversadores, pero al menos repiten lo que les digo. Te pregunto que adónde vas. *(Nuevo rugido.)* Es inútil. Fíjate en mí, no soy un ser humano, solo el Duende de las Plantas y, sin embargo, sé hablar. Ni siquiera me alimento de carne como tú, sino de clorofila, y aquí me tienes, parlanchín como uno de esos bichos humanos a los que se ha dado en llamar políticos. Si no hablara, mal podría cuidar las plantas. Ellas tampoco hablan, pero no lo necesitan, les basta con el calor de mis palabras para que crezcan exuberantes. Y son obedientes, no se mueven de su sitio. En cambio tú, es que no paras. *(Ruge el León con mayor fuerza.)* No te enfades, sé que no soy el encargado de cuidaros a los animales, pero no lo puedo evitar, me preocupáis. Y a ti, «Leoncio», te veo venir. Sé que vas a darte un baño en el río como todos los días. *(Rugido.)* No, si me parecería bien si no cometieras la locura de quitarte la piel. ¿No ves que puedes coger una pulmonía? *(Ruge el León en desacuerdo.)* Claro, lo único que te importa es no mojarte tu cuidada melena. ¡Presumido! ¡Chulo!, que eso es lo que eres, un chulito melenudo. *(El León se quita la piel, la cuelga con primoroso cuidado sobre las ramas de un arbusto y hace mutis por el lateral izquierdo. Inmediatamente, se oye el ruido de una zambullida. Bajo la piel, el actor aparecerá con su cuerpo enfundado en un traje de malla de color rosáceo y con la cabeza cubierta por una media de similar color.)*

Fernando Almena Santiago: *La piel del león*
www.cervantesvirtual.com

ARTE Y LITERATURA

¿Con qué tipo de problemas crees que se encuentra una compañía de teatro a la hora de realizar una obra de 15 minutos en una sala de 15 m^2? ¿Crees que es más fácil llenar el escenario de un espacio de 15 m^2 que de uno de 40 m^2?

Entra en el canal YouTube y busca «Microteatro México: Entre bambalinas». Observa del minuto 00:00 al 2:35 y del 3:30 al 04:58, y contesta en tu cuaderno a las siguientes preguntas:

- ¿Qué dificultades técnicas tuvo Carlos Coss?
- ¿En qué quiere incidir Adriana Cardeña?
- ¿Con qué elemento juega Anaís Pareto y para qué?
- ¿Qué género quiere trabajar Iván Tula y en qué consiste?

ACTIVIDADES

1 Fíjate en que se pueden encontrar multitud de paréntesis en este fragmento, los hallarás con bastante frecuencia en los textos teatrales. ¿Cómo se llama este recurso? ¿Qué función crees que tiene?

2 A la hora de representar ambas obras ante el público, ¿cuál crees que será más fácil de poner en escena para el director? ¿Por qué?

3 En *La dama del alba,* existe una gran cantidad y variedad de intervenciones dialogadas. Sin embargo, en este fragmento de *La piel del León,* no hay diálogo sino monólogo. Según lo que has leído, ¿en qué crees que consiste?

4 El teatro está constituido por varios subgéneros: tragedia, comedia, la mezcla de ambas, etc. ¿A qué subgéneros pertenecen ambas obras?

5 Esta escena de *La piel del león* se da en un lugar y tiempo concretos, pero ¿en qué persona se narran los acontecimientos? ¿Y en *La dama del alba*?

6 ¿Qué otros aspectos de la acción dramática se deberían cuidar en una obra de teatro de cara al público? Razona tu respuesta.

a. Iluminación y música.

b. El director, el maquillador y los extras.

c. Los acomodadores, el director del centro, la comodidad de las butacas.

d. Ninguna de las anteriores.

7 ¿Qué semejanzas encuentras entre el fragmento de *La dama del alba* y el de *La piel del León*? Haz un esquema comparativo: escena, tiempo, lugar…

8 En este fragmento podrás encontrar palabras muy «teatrales». De las que a continuación se detallan, indica cuáles piensas que lo son y haz una frase con todas las que selecciones después de comprobar su significado en el diccionario.

a. Mutis

b. León

c. Actor

d. Música

e. *Playback*

f. Duende

9 Añade un nuevo personaje con un párrafo de diálogo al texto de *La piel del león* e incluye en él una onomatopeya, una etopeya y una prosopopeya.

10 Alejandro Casona perteneció a la llamada generación del 27, dentro de la Edad de Plata de la literatura española. Busca información sobre este período y anota los escritores más destacados. La literatura española también tuvo una edad dorada, señala en qué época fue y algunos de los autores más importantes.

01 El lenguaje teatral

El teatro pertenece al género dramático y consta de dos dimensiones:

- **El texto teatral:** es escrito por un autor para ser leído o dramatizado. En él hay aspectos que quedan sujetos a la imaginación de los lectores, como el color de la ropa, el aspecto concreto del lugar en que transcurre la escena...
- **La representación teatral:** es la interpretación del texto por actores.

01.1 El texto teatral

Las obras de teatro se dividen, si son extensas, en actos y estos, a su vez, en escenas. Los **actos** son conjuntos de escenas relacionadas entre sí por la trama, mientras que las **escenas** son fragmentos donde el escenario y los personajes no cambian. Si son breves, las obras pueden tener un solo acto y dividirse solo en escenas e, incluso, si la obra es muy breve, puede tener una sola escena. Actualmente, y desde tiempos recientes, se cultiva el subgénero del microteatro, una representación breve realizada ante un pequeño grupo de personas.

Las acotaciones

El teatro no tiene narrador, salvo que su autor haya decidido incluirlo como un personaje más. Las indicaciones sobre qué hacen los personajes, que en una novela constituirían la trama de la narración, son aquí **acotaciones.** Estas sirven para que los actores sepan cómo actuar, y también para indicar cuestiones relativas al escenario y la ambientación. La manera de indicar las acotaciones es diferente en cada texto, pero normalmente se utilizan distintos tipos de letra (como, por ejemplo, la cursiva) o paréntesis.

Habitación blanquísima del interior de la casa de Bernarda. Muros gruesos. Puertas en arco con cortinas de yute rematadas con madroños y volantes. Sillas de anea. Cuadros con paisajes inverosímiles de ninfas o reyes de leyenda. Es verano. Un gran silencio umbroso se extiende por la escena. Al levantarse el telón está la escena sola. Se oyen doblar las campanas. (Sale la Criada 1.ª)

Criada.—Ya tengo el doble de esas campanas metido entre las sienes.

La Poncia.—*(Sale comiendo chorizo y pan.)* Llevan ya más de dos horas de gori-gori. Han venido curas de todos los pueblos. La iglesia está hermosa. En el primer responso se desmayó la Magdalena.

Federico García Lorca: *La casa de Bernarda Alba*
Edelvives

El escenario.

El sonido.

La actuación.

El punto y los dos puntos

El **punto (.)** es un signo ortográfico que sirve para señalar el fin de enunciados con sentido completo.

Existen tres tipos de punto:

- El **punto y seguido,** que separa los enunciados dentro de un párrafo; después de él, se continúa escribiendo.
- El **punto y aparte,** que separa párrafos dentro de un texto; después de él, se escribe en otro párrafo.
- El **punto final,** que indica el final de un texto.

Los **dos puntos (:)** se colocan en los encabezamientos de cartas; delante de la reproducción de citas; delante de enumeraciones; para aportar un ejemplo o una consecuencia de lo anterior.

Indicaciones de las acotaciones

- **La actuación:** tono de voz, gestos y movimiento por el escenario, así como sonidos no lingüísticos (llanto, risa...).
- **El actor:** vestuario, maquillaje, peinado.
- **El escenario:** utensilios (atrezo), decorado, iluminación.
- **El sonido:** sonido de ambiente (imita la realidad), música.

El diálogo

El texto teatral puede estar en prosa o en verso. En ambos casos se utiliza el **estilo directo** para representar lo que dicen los personajes y estos aparecen marcados tipográficamente para que los actores sepan cuándo les corresponde intervenir.

Es difícil, con los gestos de los actores, transmitir la idea de *aparte*. ¿Cómo lo harías tú?

ROSAURA.— Temor y piedad en mí
sus razones han causado.

SEGISMUNDO.— ¿Quién mis voces ha escuchado?
¿Es Clotaldo?

CARÍN.— *(Aparte.)* Di que sí.

ROSAURA.— No es sino un triste (¡ay de mí!),
que en estas bóvedas frías
oyó tus melancolías.

Calderón DE LA BARCA: *La vida es sueño.* Edelvives

Personajes.

Diálogo en estilo directo.

Cuando un personaje habla para que le oiga el público, pero no los demás personajes, se llama **aparte.**

Cuando un personaje habla solo, ya sea para sí mismo o para el público, en lugar de diálogo nos encontramos ante un **monólogo o soliloquio.**

SEGISMUNDO.— ¡Ay mísero de mí, y ay, infelice!
Apurar, cielos, pretendo,
ya que me tratáis así,
qué delito cometí
contra vosotros naciendo.

Calderón DE LA BARCA: *La vida es sueño.* Edelvives

Uno de los más famosos monólogos universales es aquel de Shakespeare en que el personaje Hamlet comienza diciendo: «Ser o no ser...».

01.2 La representación teatral

En la **representación** todas las indicaciones del texto se hacen realidad según la dirección teatral y la acción de los actores. Además, hay que tener en cuenta la participación de todo el equipo que conforma una compañía teatral: modistas, maquilladores, técnicos de luz y sonido, tramoyistas...

El montaje escénico es el paso del texto teatral al escenario gracias al director, quien guía a la compañía teatral sobre los siguientes aspectos:

- **Personaje:** palabra y voz (timbre, tono, volumen, entonación), gesto, maquillaje, máscara, expresión corporal, vestuario.
- **Espacio escénico:** decorados, objetos, iluminación.
- **Música y efectos sonoros.**
- **Ritmo.** Cada representación es única, a pesar de que pueda partir del mismo texto y con los mismos actores, director, escenario...

ACTIVIDADES

1 En el siguiente fragmento de *La casa de Bernarda Alba,* reconoce cuáles son los personajes que aparecen y distingue entre diálogo y acotaciones. ¿Cómo has sabido reconocer cada parte?

Cuatro paredes blancas ligeramente azuladas del patio interior de la casa de BERNARDA. *Es de noche. El decorado ha de ser de una perfecta simplicidad. Las puertas, iluminadas por la luz de los interiores, dan un tenue fulgor a la escena. En el centro, una mesa con un quinqué, donde están comiendo* BERNARDA *y sus hijas.* LA PONCIA *las sirve.* PRUDENCIA *está sentada aparte.*

Al levantarse el telón hay un gran silencio, interrumpido por el ruido de platos y cubiertos.

PRUDENCIA.—Ya me voy. Os he hecho una visita larga. *(Se levanta.)*

BERNARDA.—Espérate, mujer. No nos vemos nunca.

PRUDENCIA.—¿Han dado el último toque para el rosario?

LA PONCIA.—Todavía no.

*(*PRUDENCIA *se sienta.)*

BERNARDA.—¿Y tu marido cómo sigue?

PRUDENCIA.—Igual.

BERNARDA.— Tampoco lo vemos.

PRUDENCIA.—Ya sabes sus costumbres. Desde que se peleó con sus hermanos por la herencia no ha salido por la puerta de la calle. Pone una escalera y salta las tapias del corral.

Federico GARCÍA LORCA
La casa de Bernarda Alba. Edelvives

2 En el fragmento anterior, indica qué información se refiere a cada uno de los aspectos que suelen aparecer en las acotaciones: actuación, apariencia de los actores, escenario y sonido. Si no hay indicaciones, escribe tú qué podría haber apuntado el autor.

a. Actuación

b. Apariencia de los actores

c. Escenario

d. Sonido

3 Imagina que conviertes el cuento de *Caperucita roja* en teatro. ¿Cuántas escenas y actos crees que debería contener? Explica por qué.

4 En el siguiente fragmento de *Don Gil de las calzas verdes* dialogan dos personajes: ¿cuáles? Uno de ellos hace un aparte. ¿Quién recibe la información de ese aparte?

QUINTANA.— Ni aunque quiera podré,
porque en pena tanta,
tengo el alma a la garganta,
y a un suspiro saldrá fuera.

MARTÍN.— ¿Agora que no hay remedio,
osáis, temor atrevido,
echar del alma el olvido
y entraros vos de por medio?
¿Agora llora y suspira
mi pena? ¿Agora pesar?

QUINTANA.— (Aparte)
No sé en lo que ha de parar
tanta suma de mentira.

TIRSO DE MOLINA:
Don Gil de las calzas verdes. Castalia

5 Realiza con tu compañero la lectura dramatizada del texto anterior.

6 ✱ Un monólogo puede formar parte de una obra teatral o bien ser una actuación por sí misma, y muchas veces de tipo humorístico. Lee el inicio de este monólogo y cópialo en tu cuaderno señalando los puntos donde creas que deben estar.

Yo no sé hablar inglés Eso sí, domino maravillosamente el guachimeri No se rían, ustedes también, a ver no se saben esa canción Guachimerimerimeri, guachimerimeriwon o esa otra de Triner trinernai a guachimerimerimerimeri Todos sabemos que eso no es inglés, pero disimulamos y ¿por qué? Pues porque casi todos hemos fracasado intentando aprenderlo, sí, yo creo que España es un punto negro como el Triángulo de las Bermudas en el que por algún motivo misterioso es imposible aprender idiomas, bueno como es imposible que seamos puntuales o que aprendamos a hablar en un tono más bajito, idiosincrasia lo llaman

www.elalmanaque.com

7 A partir de este texto, indica concretando con detalles lo que las acotaciones señalan:

a. Cómo sería el vestuario de los personajes.

b. Qué peinado y maquillaje llevaría cada uno.

c. Qué sonidos y qué música acompañarían a la escena.

d. Cuántos coches y edificios incluirías en el escenario.

e. Qué movimientos, gestos y tonos de voz recomendarías como director a los actores.

Campo muy cerca —casi dentro— de la ciudad. Cae de plano el sol sobre los desmontes, sobre las zonas arboladas y los edificios a medio construir. Se oye el canto de los pájaros y los motores y las bocinas de los escasos coches que van hacia las afueras.

(Por las carreteras sin asfaltar, por los bosquecillos y las zonas de yerba, pasean dos chicos como de catorce años, PABLO *y* LUIS*. Llevan pantalones bombachos y camisas veraniegas).*

PABLO.—Me ha dicho Ángel García que a él le ha gustado un rato. Es de guerra, ¿sabes?

LUIS.—Ya, ya lo sé.

PABLO.—A mí son las que más me gustan.

LUIS.—¿Vas con tus padres?

PABLO.—Sí, como todos los domingos. Se han empeñado en ir al Proye.

LUIS.—Pero ahí echan *Vuelan mis canciones.*

PABLO.—Claro, por eso. Me han mandado a las once a la cola, pero yo he sacado las entradas para el Bilbao.

Fernando FERNÁN GÓMEZ
Las bicicletas son para el verano. Espasa

8 Indica qué tipo de escenario y qué efectos de luz, música y sonido serían adecuados para convertir en teatro esta escena de una novela. Reescribe el texto para convertirlo en un diálogo teatral.

En el carruaje que los llevaba de vuelta al taller, Georges, todavía con el aliento entrecortado, balbuceaba sus explicaciones:

—No nos hemos movido ni un momento del local. ¡Nadie ha podido entrar sin que lo viéramos! ¡Y menos aún volver a salir con la figura a cuestas! ¡No, imposible: nadie ha pasado por la puerta!

—¿Alguna rotura en las claraboyas o en las ventanas de arriba? —preguntó Helvetius con el semblante ensombrecido.

—Lo hemos revisado a conciencia: todo normal. Si no fuera porque es un disparate, diría que la figura se ha esfumado, se ha evaporado en el aire hasta desaparecer.

—¿Cuándo os habéis dado cuenta?

—Hace un rato. Al ir Jean al trastero por unas planchas. Al abrir la puerta, ha visto que la mujer de cera había desaparecido.

Helvetius se preguntó si Barois y su ayudante habrían sido los autores del hecho. Pero, en caso afirmativo, no podía comprender cómo lo habían llevado a cabo ni por qué.

—Cuando yo me he marchado, la figura estaba en el cuarto trastero. Recuerdo muy bien haber ido a verla antes de salir —dijo el automatista.

—¡Pues más extraño aún! Desde que usted se ha ido hasta el momento en que Jean ha descubierto lo ocurrido no ha pasado ni media hora.

Joan Manuel GISBERT: *El misterio de la mujer autómata.* SM

02 Los orígenes del teatro

Los **orígenes del teatro** pueden encontrarse en las ceremonias, ritos y formas de expresión primitivas de las comunidades dedicadas a la recolección agrícola o a la caza. El hombre empezó a comunicarse con la naturaleza, el Sol, la Luna, el mar y algunos animales, a los que divinizó por considerar superiores, suplicándoles benevolencia o pidiéndoles favores. Las pinturas rupestres ya muestran a este hombre en un primer intento de interpretación de un papel en calidad de actor.

La introducción de la música, la danza y las máscaras dio lugar a auténticas fiestas o ceremonias dramáticas de agradecimiento o de súplica, en las que se rendía culto a los dioses y se expresaban los principios espirituales de la comunidad. Así, en estos ritos, lo sagrado es un elemento fundamental que irá de la mano en la aparición del teatro en todas las civilizaciones.

En nuestra literatura, el primer teatro estuvo ligado a representaciones de tipo religioso, y, de hecho, la primera obra de la que se conserva texto, en la Edad Media, es el *Auto de los Reyes Magos*, escrito en el siglo XII.

03 Los géneros mayores

Desde muy antiguo, ya en Grecia, se distinguieron géneros dentro del teatro según las diferencias de tema y tono que se encontraban en las obras. Estos son los **géneros mayores** del teatro.

La primera división que hallamos se da entre **tragedia y comedia;** posteriormente, se definió el **drama** para designar a un género teatral intermedio entre la tragedia y la comedia.

Hoy en día, esta clasificación, aunque adaptada, aparece vinculada al cine y es frecuente que bajo la etiqueta «género» aparezcan, entre otras, las categorías de «comedia» y «drama».

Comedia

- Sus personajes son personas corrientes.
- Se utiliza un lenguaje cotidiano, con frases ingeniosas y humor, a veces irónico y crítico.
- Se producen peripecias graciosas, confusiones, conflictos resueltos con ingenio.
- Tiene un final feliz, en el que los protagonistas consiguen su propósito.
- Destacan algunas obras como *Mucho ruido y pocas nueces*, del dramaturgo inglés William Shakespeare o *El perro del hortelano*, de Lope de Vega.

Tragedia

- Sus personajes tienen una condición elevada.
- Utilizan discursos largos y grandilocuentes.
- El héroe lucha en vano contra un destino más fuerte que él.
- Tiene un final desgraciado y suele haber varias muertes.
- Además de grandes obras de la Antigüedad clásica, destaca *Romeo y Julieta*, de William Shakespeare.

Drama

- Sus personajes son personas corrientes.
- Se utiliza un lenguaje cotidiano, aunque sin buscar el humor ni la risa ni dar cabida a lo vulgar.
- Se producen conflictos y situaciones de tensión, aunque pueden ser propios de la vida cotidiana.
- Normalmente los protagonistas fracasan o tiene lugar la consecuencia natural de las situaciones graves que aparecen.
- Destaca, por ejemplo, *Don Juan Tenorio*, de José Zorrilla.

INFANTE.—Temí no encontrarte.
FEDERICO.—¿Eres tú de verdad? Sí...
INFANTE.—Dos palabras, nada más que dos palabras, y me voy... ¿Pero estás malo?
FEDERICO.—Sí.
INFANTE.—*(Mirándole fijamente, alarmado.)* ¿Qué tienes?
FEDERICO.—Nada... la cosa más tonta... Que no duermo.
INFANTE.—¡Bah! Lo de siempre. Dificultades de... Porque tú quieres.
FEDERICO.—Verás qué pronto las resuelvo ahora.
INFANTE.—¿Sí?... ¿Cómo?...
FEDERICO.—Poniéndome en salvo.
INFANTE.—¡Huir tú!, no me parece propio de tu carácter. ¿Huir? ¿Y adónde te vas?
FEDERICO.—Lejos, lejos.

Benito PÉREZ GALDÓS: *Realidad.* Akal

LISANDRO.—¿Qué tal, mi amor? ¿Por qué tan pálida? ¿Cómo es que tus rosas se han mustiado tan deprisa?
HERMIA.—Tal vez por falta de lluvia, que bien podría darles con diluvios de mis ojos.
LISANDRO.—¡Ay de mí! A juzgar por lo que he leído o lo que he oído de casos reales o fábulas, el río del amor jamás fluyó tranquilo. O había diferencia de rango...
HERMIA.—¡Qué cruz! Ser noble y no poder prendarse del humilde.
LISANDRO.—... o edades dispares y no hacían pareja.
HERMIA.—¡Qué cruel! Ser vieja y no poder casarse con un joven.
LISANDRO.—O depender de la elección de los tuyos.
HERMIA.—¡Ah, infierno! ¡Que elijan nuestro amor ojos de otros!

William SHAKESPEARE: *Sueño de una noche de verano.* Alianza Editorial

Fíjate en ambos textos. ¿Cuál crees que es el drama y cuál la comedia? ¿Por qué?

04 Los géneros menores

Por otro lado, existe una segunda división de los géneros teatrales: los **géneros menores**, que son el paso, el entremés y el sainete.

El **paso**, creado por Lope de Rueda, es una breve escena cómica representada sobre un tablado muy simple. Estas escenas dieron lugar al **entremés**, muy frecuente en los siglos XVI y XVII, y que fue especialmente cultivado por Cervantes; es una pieza breve, de una sola escena (suele representarse en medio de los actos de una obra larga), y cómica. Normalmente, sus personajes son populares, es decir, estudiantes, soldados, pícaros, campesinos, etc.

El **sainete** se diferencia del entremés en que no se representa dentro de una obra mayor. Representa escenas y lugares muy populares y emplea como recurso cómico una lengua popular, llena de vulgarismos y expresiones dialectales.

05 Las obras de arte totales

Podemos encontrar un tipo de espectáculos que, como acuñó el compositor Richard Wagner, son *obras de arte totales,* refiriéndose a un tipo de obra que combina el teatro, la música y las artes visuales. Entre esas obras se encuentran la ópera, el musical, el ballet y el cine.

05.1 La ópera

La **ópera** es una obra dramática musical cuyo texto es, en su mayor parte, cantado por los distintos personajes. En la ópera se combinan la palabra, el acompañamiento musical de la orquesta, la danza, las artes plásticas, la iluminación, el vestuario... Un ejemplo de ópera literaria es *Don Giovanni* de W. A. Mozart, que se inspira en el personaje literario de Don Juan.

05.2 El musical

El **musical** es un género teatral de origen angloamericano, en el que la acción se desarrolla con partes habladas, cantadas y bailadas en un estilo de música popular. Aunque en ocasiones recupera temas de la literatura como en el musical *West Side Story,* de Leonard Bernstein, que recrea la obra *Romeo y Julieta* de Shakespeare.

05.3 El ballet

Es una expresión artística que puede incluirse en las óperas, obras de teatro y musicales o bien formar por sí misma una pieza autónoma. Hay cuentos como *La bella durmiente* o *El cascanueces* que se han adaptado para ser representados de forma completa mediante **ballet.**

05.4 El cine

El **cine** hace referencia a una técnica audiovisual que permite conservar lo grabado. Inicialmente, reproducía escenas que no tenían ni color ni sonido. En la actualidad, tanto el teatro como el musical encuentran paralelismo en películas cinematográficas, si bien hay que tener en cuenta que el cine maneja su propio lenguaje y que, cuando llega al espectador, ha pasado por un proceso de elaboración técnica.

Por otro lado, la banda sonora incluye tanto la música como efectos especiales de sonido y diálogo, y se une a la imagen en el proceso de montaje. El texto base de una obra cinematográfica es el **guion.**

!

El **teatro negro** es una representación escénica muda que se lleva a cabo en un espacio negro y con una iluminación que hace resaltar ciertos tejidos, materiales y colores fosforescentes. La danza, la música, la mímica y las acrobacias son algunos de los elementos que componen este tipo de teatro.

El **teatro de títeres** es un espectáculo teatral en el que los personajes son muñecos manipulados y dirigidos por seres humanos. Los tipos más frecuentes son los muñecos de sombras, los guiñoles y las marionetas.

Aunque la ópera se ha considerado durante mucho tiempo como un género selecto, lo cierto es que también hay óperas accesibles al público infantil, como *El pequeño deshollinador,* de Benjamin Britten.

ACTIVIDADES

1 ¿Qué obras de teatro crees que pueden relacionarse con distintas fiestas religiosas o no religiosas?

2 Los siguientes fragmentos corresponden a tragedias o a comedias. ¿Cómo puedes saberlo? Localiza las pistas que te llevan a decidirlo e indica los temas que se tratan en cada uno de ellos.

Medea

NODRIZA.—Ahí tenéis, hijos míos, revuelta está ya vuestra madre, pues su alma el dolor trastornó. Cuanto antes a casa corred y allí entrad, no os pongáis cerca de ella, que no os pueda ver, no acercaos y mucho cuidado tened con el fiero talante y atroz natural de su mente cruel. ¡Vamos, pues, en seguida aquí dentro pasad!

(El pedagogo entra con los niños en el interior de la casa).

Se ve bien que esa nube que empieza a surgir, de lamentos cargada, muy pronto va a arder estallando en más fuerte pasión. ¿Qué irá a hacer esa alma que el mal ha mordido y en que hay un orgullo muy grande y tenaz?

MEDEA.—*(Desde el interior).* ¡Ay, ay! ¡Sufro, mísera, sufro, tormentos sin fin! ¡Malditos muráis, pues nacisteis de mí, una madre funesta, y perezca también vuestro padre y la casa con él!

EURÍPIDES: *Medea*. Gredos

Macbeth

MALCOM.—Véngate como un hombre.

MACDUFF.—Sí que me vengaré, pero soy hombre, y siento y me atormenta la memoria de lo que más quise en el mundo. ¡Y lo vio el cielo y no se apiadó de ellos! ¡Ah, pecador Macduff, tú tienes la culpa de todo! Por ti han perecido aquellos inocentes. ¡Dios les dé la gloria eterna!

MALCOM.—Tu dolor afile tu espada e inflame tu brío. Sírvate de aguijón y no de freno.

MACDUFF.—Aunque lloraran mis ojos como los de una mujer, mi lengua hablaría con la audacia de un varón. ¡Dios mío, ponme enfrente de ese demonio, y si se libra de mi espada, consentiré hasta que el cielo le perdone!

MALCOM.—Esas ya son palabras dignas de ti. Vamos a despedirnos del Rey de Inglaterra. Solo nos falta su permiso. Macbeth está a la orilla del precipicio. El cielo se declare en favor nuestro. Tregua a vuestro dolor. No hay noche sin aurora.

William SHAKESPEARE: *Macbeth*. Vicens Vives

Aulularia

ESTRÓBILO.—Lo que es más, cuando se va a la cama, se pone un saquillo de cuero atado a la boca.

ÁNTRAX.—¿Pero para qué?

ESTRÓBILO.—No sea que se le escape algo de aire mientras duerme. [...]

ESTRÓBILO.—Yo pienso que me lo debes creer, igual que dado el caso te lo creería yo también a ti.

ÁNTRAX.—No, no, si te lo creo.

ESTRÓBILO.—Pero ¿sabes? ¡Ja, cuando se baña, llora, porque se gasta agua!

ÁNTRAX.—¿Crees tú que podríamos conseguir del viejo un talento magno para comprarnos la libertad?

ESTRÓBILO.—¡Uf!, así le pidieras prestada el hambre no te la daría. Veréis, otra cosa: hace poco le cortó el barbero las uñas: fue y recogió y se llevó todas las recortaduras.

PLAUTO: *Aulularia*. Gredos

ACTIVIDADES

3 Lee el siguiente fragmento de *El retablo de las maravillas,* de Cervantes, y después contesta a las preguntas.

GOBERNADOR.—Y ¿qué quiere decir *Retablo de las maravillas*?

CHANFALLA.—Por las maravillosas cosas que en él se enseñan y muestran, viene a ser llamado *Retablo de las maravillas;* el cual fabricó y compuso el sabio Tontonelo debajo de tales paralelos, rumbos, astros y estrellas, con tales puntos, caracteres y observaciones, que ninguno puede ver las cosas que en él se muestran, que tenga alguna raza de confeso[1], o no sea habido y procreado de sus padres de legítimo matrimonio; y el que fuere contagiado destas dos tan usadas enfermedades, despídase de ver las cosas, jamás vistas ni oídas, de mi retablo.

BENITO.—Ahora echo de ver que cada día se ven en el mundo cosas nuevas. Y ¡qué! ¿Se llamaba Tontonelo el sabio que el retablo compuso?

CHIRINOS.—Tontonelo se llamaba, nacido en la ciudad de Tontonela; hombre de quien hay fama que le llegaba la barba a la cintura.

BENITO.—Por la mayor parte, los hombres de grandes barbas son sabiondos.

Miguel DE CERVANTES
El Retablo de las maravillas. Linkgua

[1] **Raza de confeso:** una persona que provenga de familia judía convertida al catolicismo.

a. Este retablo no lo podrán ver, según Chanfalla, los que no sean cristianos o los que hayan nacido de padres no casados. ¿En qué época crees que eso sería un problema?

b. ¿Crees que alguien admitiría que no ve las maravillas del retablo?

c. ¿Qué rasgos cómicos aparecen en este fragmento?

d. ¿A qué género menor pertenece, teniendo en cuenta que se trata de una escena breve?

e. Escribe algún ejemplo de situaciones parecidas a la que acabas de leer que encuentras en nuestra sociedad.

4 Vuelve a leer el texto anterior y realiza una lectura dramatizada del mismo con tres de tus compañeros.

5 ¿A qué género pertenece este fragmento? ¿Por qué lo sabes?

ESCENA 1. «La Aldea»

(Bella, Gastón, Lefou, Chicas Bobas, Aldeanos)

1.-CANCIÓN «BELLA»

Qué lugar, simple y aburrido.
Siempre es como el día anterior.
Qué lugar, solo gente simple que despierta así...
(Los aldeanos entran y comienzan a ir y venir a su negocio diario.)

SEÑORITA ARISTOCRÁTICA:
¡Bonjour!

[...]

PANADERO:
¡Bonjour!

(El Panadero lleva una bandeja de rollos)

BELLA:
Ahí viene el panadero como siempre.
Su mismo pan viene a vender.
Las mañanas siempre igual desde el día en que llegué a este rústico lugar.

PANADERO:
Buenos días, Bella.

BELLA:
Buenos días, señor.

PANADERO:
¿Adónde vas?

BELLA:
A la librería, acabo de leer un cuento maravilloso de unas semillas, un ogro y...
(Pero él no está interesado. Él grita sobre su hombro a su esposa.)

PANADERO:
¿Ah, sí? Marie, el pan, rápido.

(Bella suspira... no importa. Ella sigue su camino. Varios ciudadanos hablan de ella cuando pasa.)

La bella y la bestia. www.academia.edu

6 En el texto anterior, el director no ha incluido las indicaciones exactas del movimiento de los actores. Completa el texto con dichas indicaciones. Tampoco se detallan la ropa ni los objetos que acompañan a cada personaje. ¿Cómo serían? Finalmente, ¿cómo se podría poner en práctica la última acotación?

7 Esta es la escena interior (INT.) del guion de cine de una famosa película de 1942 que refleja la vida en Casablanca, ciudad marroquí refugio de muchos europeos que huyen de la guerra.

a. ¿Por qué crees que hay muchas indicaciones visuales y poco diálogo?

b. ¿Cuánto tiempo crees que necesitará el director de cine para presentar en imágenes el decorado de la escena antes de que el hombre hable?

c. Enumera los recursos de la banda sonora que aparecen especificados.

14. INT. RICK'S CAFÉ SALÓN PRINCIPAL - NOCHE

Rick's es un club caro y selecto, donde flota sin lugar a dudas un aire de sofisticación e intriga.

SAM, un negro de mediana edad, está sentado en un taburete ante un pequeño piano sobre ruedas de color salmón, mientras interpreta la canción acompañado de una reducida orquesta.

Le rodea un incesante ZUMBIDO de voces, CHÁCHARA y RISAS.

La fauna que ocupa el local es muy variada. Hay europeos de esmoquin, cuyas mujeres lucen unos maravillosos vestidos y joyas. Moros ataviados con chilabas de seda. Turcos con el fez característico. Mediterráneos. Oficiales de la Armada. Miembros de la Legión Extranjera, claramente distinguibles por el kepis.

En una mesa hay sentados dos hombres.

HOMBRE

Esperar, esperar, esperar. Jamás saldré de aquí.
Moriré en Casablanca.

Su compañero no parece mostrar el menor interés por su dilema. Evidentemente hay una gran escasez de simpatía en Casablanca.

Casablanca. http://alcazaba.unex.es

8 Indica si los argumentos de estas películas de cine de www.filmaffinity.com corresponderían con un drama o una comedia.

Un viaje a diez metros

Los Kadam, una familia india con Papa a la cabeza, se trasladan al sur de Francia, y allí deciden abrir un restaurante enfrente de un lujoso restaurante francés de alta cocina con estrellas Michelin, regentado por la snob Madame Mallory.

Samba

Hace diez años que Samba llegó a Francia desde Senegal, y desde entonces ha tenido varios empleos humildes. Alice es una ejecutiva que está pasando una mala racha y sufre de agotamiento. [...] Mientras Samba está dispuesto a hacer lo que sea necesario para conseguir los papeles, lo que Alicia intenta es recuperar su vida. Al final, el destino hace que sus caminos se crucen. Se trata de una historia sobre dos extraños que podrían encontrar juntos la senda de la felicidad.

ESCRIBIR

La escena de teatro

Ángel de Andrés y Marisa de Leza interpretando *La dama del alba.*

Tu turno

1 Ahora vas a ver un resumen de la obra *La dama del alba,* interpretada por un grupo de teatro aficionado. Para ello, entra en el canal YouTube y busca «La Dama del Alba | UC3M | DOGMA TEATRO por i-Tek.es».

Después de ver el vídeo, continúa el texto de Alejandro Casona y recrea su última escena según imaginas que puede ser su final. Puedes seguir estas ideas:

Escritura del texto teatral

Identifica cada intervención con el nombre del personaje correspondiente, así como el punto y la raya. Incluye diferentes tipos de acotaciones que ayuden a visualizar los personajes y las acciones:

- **Voz del personaje:** tono, volumen, entonación.
- **Gesto** y expresión corporal.
- **Vestuario.**
- **Escenario y decorado.**
- **Iluminación.**
- **Sonido:** música y efectos sonoros.

No olvides que las acotaciones se diferencian tipográficamente de las intervenciones de los personajes en el conjunto del texto teatral.

Título

Piensa un nuevo título para la obra, según el giro o el desenlace que hayas ideado.

Revisión

Revisa finalmente tu texto: elementos tipográficos adecuados, coherencia estructural y ortografía.

Lectura del texto

Tras tu revisión, pídele a un compañero de clase que lea tu texto. Deberá aconsejarte en la revisión y la reformulación de ciertos detalles, dirigidos a una mejor comprensión y presentación del texto.

El musical

ANIMACIÓN A LA ESCRITURA

Accede a YouTube y busca «Musicales - Mamma Mia», publicado por Muchoviaje.com. Observa y escucha el musical, y describe el vestuario, el decorado y la iluminación. ¿Qué crees que aportan estos elementos a la historia representada?

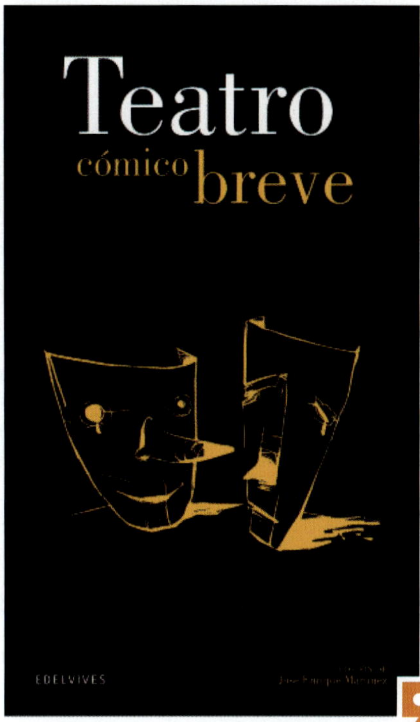

Si eres un apasionado del teatro y de la risa, *Teatro cómico breve*, de la editorial Edelvives, es para ti. En este libro podrás encontrar obras teatrales de todos los géneros y épocas de la literatura española que te harán pasar un buen rato.

Tu turno

1 Crea con tus compañeros un musical imitando el de *Mamma Mia!* No es necesario ser un gran compositor; con seguir los pasos indicados lo lograrás:

a. Formad grupos de siete alumnos. La función de cada uno de vosotros estará distribuida de la siguiente manera: cinco actores, un técnico de sonido e iluminación, un director y todo el grupo será el guionista.

b. Seleccionad cinco canciones de vuestros grupos de música favoritos. Las letras de las canciones elegidas serán la clave para redactar el guion del musical, pues estructurarán las diferentes escenas de la historia, al igual que ocurre en el musical de *Mamma Mia!* Prestad atención al contenido de las letras musicales: analizad el contenido del texto de la canción e indicad el tema principal y atribuid un personaje a cada canción. El actor que interprete a cada personaje intervendrá con la letra de la canción en el guion del musical.

c. Idead el argumento y conformad el cuadro de personajes del musical. Redactad el guion, engarzando las cinco canciones elegidas a lo largo del desarrollo de la historia. Recordad que en este género teatral se combina el texto declamado, el texto cantado y el baile.

d. Organizad una sencilla coreografía para, al menos, una de las canciones. Si lo preferís, podéis utilizar la técnica del *playback.* Ensayad el guion creado. No olvidéis que la figura del director será fundamental aquí para organizar y decidir el montaje escénico final. Interpretad el musical.

EVALUACIÓN

Evaluad los musicales realizados contestando a las siguientes preguntas. Las respuestas decidirán cuál es el mejor y os permitirán mejorar en un futuro vuestras producciones escritas y artísticas:

- ¿El argumento creado está vinculado en contenido o en escenificación con las canciones elegidas?
- ¿Los personajes son los adecuados tanto en número como en sus características para la representación teatral inventada?
- ¿En la interpretación de los actores se combinan partes de texto declamado, texto cantado y baile?
- ¿La puesta en escena revela una buena organización, orientación y consejos del director?

EVALUACIÓN

(Suenan las doce. Mariquilla se levanta de un salto y coge la regadera. Clotilde intenta quitársela. Se persiguen por la escena. En un momento dado, Mariquilla interpone entre ambas una silla, que hace caer a la mayor, en el preciso momento en que suena la voz del Príncipe.)

Príncipe.— Niña que riega las albahacas,
¿cuántas hojitas tiene la mata?

(Mariquilla, que está más cerca de la ventana, se asoma con su regadera.)

Mariquilla.— Caballero del alto plumero,
usted que sabrá de leer y escribir,
de sumar y de restar,
¿cuántas estrellitas tiene el cielo
y arenitas tiene el mar?

(Ya se mete Mariquilla para adentro, muerta de risa, cuando el Príncipe le replica.)

Príncipe.— ¿Y el beso del encajero,
estuvo malo o estuvo bueno?

(Mariquilla queda petrificada. Fuera se oye la risa del Príncipe, secundada por Calatrava. Ambos se alejan.)

Clotilde y Matilde.— ¡Mariquilla! ¿Te das cuenta?

Mariquilla.— (Rabiosa.) ¡Ese príncipe encajero me las pagará, como Mariquilla que me llamo!

Maricastaña.— Desde aquel instante, Mariquilla no hizo más que pensar cómo sería su venganza. Pensó, pensó, pensó...

Antonio Rodríguez Almodóvar
La niña que riega las albahacas. Ediciones de la Torre

1 ¿Por qué tiene Mariquilla tanta prisa en coger la regadera?

2 ¿Qué papel tiene Maricastaña? ¿Crees que su intervención puede considerarse un aparte?

3 *Encajero* proviene de la palabra *encaje*. ¿Qué crees que significa?

4 En el fragmento aparece «el beso del encajero». Teniendo en cuenta que el Príncipe está enamorado de Mariquilla y que Mariquilla se siente engañada por él, ¿quién es ese encajero? ¿Qué pudo pasar, aunque no se cuenta, entre el falso encajero y Mariquilla?

5 Diferencia en este texto acotaciones y diálogo. A continuación, copia en tu cuaderno la información de las acotaciones sobre la actuación, la apariencia de los actores, el escenario y el sonido. Es posible que de algún aspecto no aparezca información porque haya aparecido en un fragmento anterior o se deje a criterio del director de escena su concreción.

6 Imagina que tuvieras que hacer esta obra en radioteatro. ¿Cómo supliríais la parte visual y cómo conseguiríais los efectos de sonido? Preparad el fragmento en grupos de cinco.

7 Recuerda la distinción entre texto teatral y representación teatral, imagina que eres director de escena y contesta:

a. ¿Qué atrezo necesitarías para montar este fragmento?

b. ¿Cómo vestiría e iría maquillado y peinado cada personaje que aparece?

c. ¿Qué gestos deberían hacer los actores para que las acotaciones del autor cobraran vida?

d. ¿Qué efectos de música y sonido incluirías?

e. En el tratamiento del ritmo, ¿qué pausas podrías incluir en esta acción?

8 Continúa la escena con un monólogo del Príncipe en el que este declare su amor por Mariquilla.

EVALUACIÓN

1 Completa el siguiente cuadro y aporta una definición y un ejemplo de cada uno de los géneros.

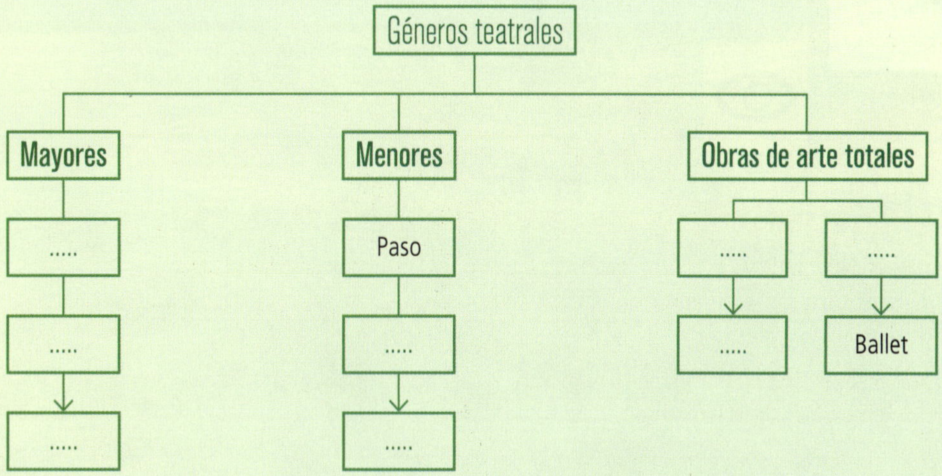

2 A partir de este texto de *La dama del alba,* copia en tu cuaderno qué elementos del mismo dan indicaciones para que el director y los actores hagan la puesta en escena. En aquellos casos en que el texto no dé indicaciones, añádelas.

- Personajes
- Espacio escénico
- Música y efectos sonoros
- Ritmo

Apoyada en la pared del fondo una guadaña. Rústicos muebles de nogal y un viejo reloj de pared. Sobre el suelo, gruesas esteras de soga. Es de noche. Luz de quinqué.

La Madre, el Abuelo y los tres nietos *(Andrés, Dorina y Falín)* terminan de cenar. Telva, vieja criada, atiende a la mesa.

Abuelo *(Partiendo el pan).*—Todavía está caliente la hogaza. Huele a ginesta en flor.

Telva.—Ginesta y sarmiento seco; no hay leña mejor para caldear el horno. ¿Y qué me dice de este color de oro? Es el último candeal de la solana.

Abuelo.—La harina es buena, pero tú la ayudas. Tienes unas manos pensadas por Dios para hacer pan.

Telva.—¿Y las hojuelas de azúcar? ¿Y la torrija de huevo? Por el invierno bien que le gusta mojada en vino caliente. *(Mira a la Madre, que está de codos en la mesa, como ausente).* ¿No va a cenar nada, mi ama?

Madre.—Nada.

3 Indica cuáles son las semejanzas y diferencias entre radioteatro y teatro.

4 Define los siguientes términos relativos al teatro.

- Escena
- Tramoya
- Acto
- Atrezo
- Director.

5 Explica la diferencia que existe entre un monólogo o soliloquio, un diálogo y un aparte.

6 ¿Puede haber teatro sin palabras? Si tu respuesta es afirmativa, explica cómo y en qué géneros.

7 Reflexiona: ¿qué relación guarda el teatro con la narrativa? ¿Y con la poesía?

8 ¿Qué semejanzas y diferencias encuentras entre los géneros de la ópera y el musical? Comenta a través de qué recursos musicales y visuales interactúan sus personajes.

DIARIO DE APRENDIZAJE

¿Qué grado de satisfacción he alcanzado con respecto al interés que me suscitaba esta unidad?

06 La cigarra y la hormiga

¿Cuál creo que será la mejor manera de estudiar la unidad?

1 ¿Qué historias conoces relacionadas con los animales de las imágenes? ¿Alguna de ellas contiene una enseñanza?

2 Los libros que leemos, ¿pueden marcar un antes y un después en nuestro pensamiento? Da algún ejemplo.

3 ¿Crees que las películas enseñan cosas útiles para la vida?, ¿cuáles?

Busca en la web «El maestro cuenta cuentos - *El tesoro escondido*», escucha el cuento y responde a las siguientes preguntas:

1 ¿Cuántos protagonistas hay en la historia?

2 ¿Qué hacen los hermanos?

3 ¿Dónde creen los hermanos que estaba escondido el tesoro?

4 ¿En qué creías que consistía el tesoro?

5 ¿Qué pretendía el padre de los chicos?

6 ¿Crees que el cuento pertenece a la tradición oral? ¿Por qué?

HABLAR Y ESCUCHAR

La enseñanza

Las **enseñanzas** son narraciones de corta a media extensión que sirven para mostrar un modelo de comportamiento moral en una sociedad. Estos valores han sido transmitidos oralmente de generación en generación en todas las culturas que han existido a lo largo de la historia.

En la cultura popular, este tipo de narraciones de tradición oral tenían un objetivo principal: transmitir tradiciones y valores aplicables a la vida de cada persona. Así, servían para instruir al pueblo por medio de historias amenas. Para ello, utilizaban un lenguaje, unos elementos y unos personajes sencillos que fuesen fáciles de aprender y recordar.

Antigüedad

Muchas de estas narraciones surgieron en la antigüedad, en Oriente. De esta tradición se conserva el libro *Panchatantra.* De allí, gracias a los navegantes venidos de la India, llega hasta los griegos, quienes hacen una reinterpretación de estas narraciones en forma de fábulas, refranes, proverbios, anécdotas... En la Edad Media estos volvieron a nutrirse de las tradiciones orientales y se recuperaron en los textos escritos cultos de entre los siglos XVII y XIX con autores como Jean de La Fontaine, Félix María Samaniego o Tomás de Iriarte.

Actualidad

En el momento actual, los cuentos de tradición popular se mezclan con otras versiones de estos, sobre todo cuando se ponen por escrito. A este proceso se le denomina **recreación**: los escritores usan estas versiones para crear novelas u otro tipo de narraciones, incluso en otras artes como la pintura, la música, la escultura, el cine... Por esta razón, es frecuente encontrar historias con protagonistas y finales distintos, pero que, en esencia, en la base del argumento, se asemejan bastante.

Las enseñanzas pueden estar **escritas en verso o en prosa**, pero **comparten una temática** que gira en torno a las conductas incorrectas (la avaricia, la envidia, la mentira...) o miedos que hay que vencer, y poseen una estructura sencilla.

Vuelve a escuchar la enseñanza oral y divídela en las partes en que se estructura.

La corneja y el cuervo

Sentía una corneja celos contra los cuervos porque estos dan presagios a los hombres, prediciéndoles el futuro, y por esta razón los toman como testigos. Quiso la corneja poseer las mismas cualidades.

Viendo pasar a unos viajeros se posó en un árbol, lanzándoles espantosos gritos. Al oír aquel estruendo, los viajeros retrocedieron espantados, excepto uno de ellos, que dijo a los demás:

—Eh, amigos, tranquilos; esa ave es solamente una corneja. Sus gritos no son de presagios.

Cuando, vanidosamente y sin tener capacidades, se quiere rivalizar con los más preparados, no solo no se les iguala, sino que además se queda en ridículo.

ESOPO: *Fábulas.* Gredos

- **Título.** Destacan los elementos más importantes, que en las fábulas suelen ser animales.
- **Introducción.** Presentación de los personajes en un tiempo y lugar indeterminados. Suelen resaltar las virtudes o vicios de estos.
- **Nudo.** Se plantean el problema y las acciones que realizan los personajes.
- **Desenlace.** En algunos casos se deja al lector sacar la conclusión de cómo finalizan las acciones de los personajes.
- **Moraleja.** Es la lección que se da sobre el comportamiento que se debe seguir. Está presente en todas las enseñanzas, ya sea con una frase o con una estrofa.

Tu turno

1 Lee esta enseñanza en voz alta dando expresividad al texto. Después, indica en tu cuaderno su estructura. ¿De qué tipo de enseñanza crees que se trata?, ¿por qué?

El ratón de campo y el ratón de ciudad

Invitó el ratón de la corte a su primo del campo con mucha cortesía a un banquete de huesos de exquisitos pajarillos, contándole lo bien que en la ciudad se comía. Sirviendo como mantel un tapiz de Turquía, muy fácil es entender la vida regalada de los dos amigos.

Pero en el mejor momento algo estropeó el festín: en la puerta de la sala oyeron de pronto un ruido y vieron que asomó el gato. Huyó el ratón cortesano, seguido de su compañero, que no sabía dónde esconderse. Cesó el ruido; se fue el gato con el ama y volvieron a la carga los ratones. Y dijo el ratón de palacio:

—Terminemos el banquete.

—No. Basta —responde el campesino—. Ven mañana a mi cueva, que aunque no me puedo dar festines de rey, nadie me interrumpe, y podremos comer tranquilos. ¡Adiós, pariente! ¡Poco vale el placer cuando el temor lo amarga!

No quieras vivir rodeado de bienes, si ellos van a ser la causa de tu desdicha.

Jean de La Fontaine: *Las fábulas de La Fontaine*. Edhasa

2 Selecciona con tus compañeros una historia de la tradición oral y contádsela al resto de la clase. Tiene que incluir una enseñanza que se pueda aplicar a la vida cotidiana. Para ello, seguid estos pasos previos:

Creación de grupos y selección del cuento

Por grupos de cuatro personas, seleccionad un cuento, relato o historia que conozcáis. Os puede servir también alguna historia de miedo que os sepáis. Tenéis que incluir un narrador, dos personajes que dialoguen y una moraleja.

El texto escrito

Una vez seleccionada la historia, buscad la versión escrita en la biblioteca o Internet. Si no la tuvierais, tenéis que escribirla. Después, añadid la moraleja aplicada a la vida cotidiana.

Reparto de texto

Cuando tengáis el texto, divididlo en cuatro partes de manera equilibrada: todos los compañeros debéis tener la misma cantidad de texto. El texto seguirá un orden: título, introducción, nudo, desenlace y moraleja para que no se rompa la secuencia de la historia.

Ensayo

Ensayad la lectura en voz alta durante unos tres minutos: si sois narradores, hablad alto y claro, pronunciando bien cada palabra; si sois algún personaje, modificad la voz según el que representéis.

Lectura del cuento

Leed, conjuntamente y en voz alta, cada una de las partes ante vuestros compañeros.

AUTOEVALUACIÓN

Podéis votar por el mejor grupo valorando estos criterios:

1 Nuestra historia está extraída de la tradición oral.	**2** Había un narrador que contaba la historia.	**3** Los personajes expresaban ideas, situaciones, pensamientos…	**4** Contiene una enseñanza que se puede aplicar a la vida cotidiana.

LEER

El león y la liebre

Vas a leer una fábula de Esopo. Observa la imagen de esta vasija, en la que aparece una caricatura de él y uno de los personajes habituales de sus fábulas. ¿De qué época y cultura puede proceder el autor?

Sorprendió un león a una liebre que dormía tranquilamente. Pero cuando estaba a punto de devorarla, vio pasar a un ciervo. Dejó entonces a la liebre por perseguir al ciervo.

Despertó la liebre ante los ruidos de la persecución, y no esperando más, emprendió su huida.

Mientras tanto, el león, que no pudo dar alcance al ciervo, ya cansado, regresó a tomar la liebre y se encontró con que se había escapado.

Entonces se dijo el león:

—Bien me lo merezco, pues teniendo ya una presa en mis manos, la dejé para ir tras la esperanza de obtener una mayor.

Si tienes un pequeño beneficio, no lo abandones hasta que no tengas el mayor.

ESOPO
Fábulas
Gredos

ESTRATEGIAS DE LECTURA

¡Reorganízate!

Algunas veces, algo tan sencillo como sentarse a organizar las cosas por orden de importancia puede resolver más de un inconveniente y evitar así que se convierta en problema.

Revisa tus actividades diarias y cambia de hábitos si es necesario. Calcula cuánto tiempo dedicas a estas actividades:

1. Ver la televisión.
2. Leer.
3. Entretenerte con internet.
4. Hacer deporte.
5. Estudiar.
6. Usar el móvil.

Debes ser sincero y pensar que si dedicas más tiempo a las actividades 1, 3 o 6 que al resto, deberías intentar destinar más tiempo a las otras actividades, ya que son beneficiosas para ti.

MÁS QUE PALABRAS

1 Relaciona en tu cuaderno las siguientes palabras con aquellas que signifiquen lo contrario.

Tranquilamente	Detrimento
Dar alcance	Retorno
Huida	Escaparse
Beneficio	Impetuosamente

2 Busca en el texto la palabra o palabras que pueden completar los siguientes campos semánticos y escríbelas en tu cuaderno.

a. Engullir, zampar, tragar,...①....

b. Comenzó, inició, empezó,...②....

c. Fatigado, extenuado, exhausto,...③....

ACTIVIDADES

1 Contesta en tu cuaderno las siguientes preguntas sobre la fábula que acabas de leer:

a. El león no comió por su:

- Exceso de ambición.
- Exceso de pereza.
- Exceso de celo.
- Exceso de confianza.

b. ¿Qué refrán podría explicar mejor la fábula de *El león y la liebre* de Esopo?

- ¿Dónde va la gente? Donde va Vicente.
- El que mucho abarca poco aprieta.
- A buen entendedor, pocas palabras bastan.
- Más vale pájaro en mano que ciento volando.

c. La actitud del león al ver cómo le había salido la maniobra es de:

- Furia y enfado.
- Resignación y aprendizaje.
- Autocomplacencia e indolencia.
- Melancolía y desesperación.

2 Imagina que la liebre le hubiera dejado una nota al león como moraleja, ¿qué le habría escrito?

3 ¿Qué pueden tener en común una fábula y un refrán?

4 Copia y completa en tu cuaderno.

El león es un animal de la familia de los ...①... porque sus crías maman leche. De igual forma, la ...②... también pertenece a esta familia, como el ...③....

5 Cita los hábitats de los tres animales que aparecen en esta fábula e indica si pertenecen al mismo. Después, sustituye los animales por otros.

6 Describe una situación que conozcas o hayas vivido a la que se pueda aplicar la moraleja de Esopo.

7 Crea tres viñetas que ilustren el inicio, nudo y desenlace. Puedes usar texto además de imágenes o ilustraciones.

8 Investiga en la biblioteca o Internet y selecciona los fabulistas más famosos anotando los datos básicos (nacionalidad, fechas de nacimiento y muerte, principales obras y movimiento literario). Puedes añadir imágenes para poder ponerles cara.

LEER

Las dos ranas

Vas a leer una fábula en verso escrita en el siglo XVIII por Félix María de Samaniego sobre unas ranas. Observa esta instalación creada en la fuente de Neptuno de Trento (Italia) y trata de adivinar qué le puede ocurrir a las ranas en la fábula al encontrarse una de ellas en la carretera y cuál puede ser la moraleja.

Tenían dos ranas
sus pastos vecinos,
una en un estanque,
otra en el camino.
Cierto día a esta
aquella le dijo:
«¡Es creíble, amiga,
de tu mucho juicio,
que vivas contenta
entre los peligros,
donde te amenazan,
al paso preciso,
los pies y las ruedas
riesgos infinitos!
Deja tal vivienda;
muda de destino;
sigue mi dictamen
y vente conmigo».
En tono de mofa,
haciendo mil mimos,
respondió a su amiga:
«¡Excelente aviso!
¡A mí, novedades!
Vaya, ¡qué delirio!
Eso sí que fuera
darme el diablo ruido.
¡Yo dejar la casa
que fue domicilio
de padres, abuelos
y todos los míos,
sin que haya memoria
de haber sucedido
la menor desgracia
desde luengos siglos!».
«Allá te compongas;
mas ten entendido
que tal vez sucede
lo que no se ha visto».
Llegó una carreta
a este tiempo mismo,
y a la triste rana
tortilla la hizo.

Por hombres de seso
muchos hay tenidos,
que a nuevas razones
cierran los oídos.
Recibir consejos
es un desvarío;
la rancia costumbre
suele ser su libro.

Félix María SAMANIEGO
Las dos ranas. Edelvives

ARTE Y LITERATURA

Eros Ramazzotti es un cantante italiano que ha tenido gran éxito en el mundo y ha cantado muchas canciones en español. Entra en el canal YouTube y busca «Fábula-Eros Ramazzotti», publicado por Gabriel Soprole. Escucha la canción y presta atención a las imágenes. Después, contesta a las siguientes preguntas:

- Esta fábula está basada en un cuento, ¿de qué autor?
- ¿Qué animales o elementos propios de las fábulas aparecen?
- ¿De qué trata la canción?
- ¿Cuál crees que es la moraleja de esta fábula?

El cantante italiano Eros Ramazzotti.

ACTIVIDADES

1 Todas las fábulas contienen una enseñanza que se puede resumir en una frase. Expresa con tus palabras la moraleja de la fábula de Félix María Samaniego. Después, pon un ejemplo de una situación actual o cercana que se la ejemplifique.

2 Deduce según tu intuición después de haber leído los dos relatos anteriores: ¿a qué tipo de género pertenece la fábula?

a. Narrativo didáctico.

b. Descriptivo literario.

c. Científico moralizante.

3 Compara la forma de *El león y la liebre* y *Las dos ranas.* ¿Qué diferencias básicas encuentras entre ambos textos? Completa una tabla similar a esta en tu cuaderno en la que registres las características del texto de Esopo y del de Samaniego:

Prosa	Verso
Breve	Extenso
Narración	Descripción
Sátira	Didáctica
Narrador externo	Narrador personaje
Personajes humanos	Personajes animales

4 Busca un refrán o dicho que equivalga a la moraleja de la fábula de *Las dos ranas* de Samaniego.

5 Investiga sobre la fábula. ¿Todas tienen moraleja? ¿Cuál es la función de esta?

6 Mientras que la fábula de Esopo está en prosa, la de Samaniego fue escrita en verso. ¿Te resulta igual de fácil entender el lenguaje literario en verso que en prosa? Razona tu respuesta.

7 La imaginación es importante a la hora de escribir una fábula; muchas de sus situaciones son inverosímiles. Inventa una fábula con lo que hayas aprendido en último libro que has leído.

8 Inventa un refrán que exprese la moraleja de tu fábula lo más fielmente posible; puedes consultar refraneros en la biblioteca o bases de datos en internet.

9 A continuación, aparece una serie de refranes muy populares, complétalos y explica su significado:

a. A quien a buen árbol se arrima, ...①....

b. No por mucho madrugar, ...②....

c. A perro flaco, ...③....

d. En casa del herrero, ...④....

e. Agua que no has de beber, ...⑤....

f. A quien madruga ...⑥....

g. Ande yo caliente ...⑦....

h. Más rápido se coge a un mentiroso ...⑧....

i. Amor con amor...⑨....

01 La literatura didáctica

La literatura sirve, entre otras cosas, para divertir y para expresar sentimientos. Pero una de sus funciones básicas es enseñar. De ahí nace la **literatura didáctica**, con el fin de **entretener y enseñar.**

Es más fácil transmitir una enseñanza si se extrae a partir de una historia entretenida, o si se ejemplifica con anécdotas. Así, afirmaba Don Juan Manuel en su libro *El conde Lucanor,* del siglo XIV:

> Escribí este libro con las palabras más hermosas que pude para poder dar ciertas enseñanzas muy provechosas a los que lo oyeren [...]. De esta manera, con ayuda de Dios, escribiré este libro, que a los que lo lean, si se deleitan con sus enseñanzas, será de provecho, y a los que, por el contrario, no las comprendan, al leerlo, atraídos por la dulzura de su estilo, no pudiendo tampoco dejar de leer lo provechoso que con ella se mezcla [...].
>
> «Prólogo». Aguaclara, en www.cervantesvirtual.com

La coma y el punto y coma

La **coma (,)** es un signo ortográfico que sirve para separar partes dentro de un enunciado. Se emplea para separar elementos en una enumeración; para introducir una explicación; cuando se ha omitido un verbo porque se sobreentiende; o para introducir vocativos *(Joaquín, hablemos).*

El **punto y coma (;)** señala una pausa algo mayor que una coma. Sirve para evitar confusiones cuando existen varias comas en una enumeración; o para separar frases que tienen relación entre sí, pero cuya estructura es diferente *(Santi hace deporte por las mañanas; Carmen suele desayunar a esa hora).*

01.1 Las sentencias

Las sentencias son frases breves que contienen una enseñanza o advertencia moral.

Los proverbios y los refranes

Los proverbios y los refranes son diferentes clases de sentencias. La diferencia entre ellos es que el refrán tiene un origen popular y el proverbio, culto.

Un ejemplo de **proverbio** podemos encontrarlo en el libro *Proverbios* de la Biblia, cuya autoría se atribuye al famoso Rey Salomón (siglo VIII a. C.).

Asimismo, en la literatura popular, los **refranes** recogen una enseñanza de forma muy breve y suelen rimar. En todas las culturas, hay refranes con enseñanzas similares, como revela este equivalente entre un refrán chino y uno español, aunque usan imágenes diferentes:

REFRÁN EN CHINO	REFRÁN EN ESPAÑOL	SIGNIFICADO DE AMBOS
一朝被蛇咬，十年怕井绳。 **Traducción literal:** Quien un día fue picado por la víbora, siente temor a una soga enroscada durante diez años. 	Gato escaldado, del agua fría huye. 	Por medio de metáforas se explica que aquel que ha sufrido en una circunstancia (ya sea el agua caliente o la víbora) huye de otra semejante de menor peligro (el agua fría o la soga).

www.chino_china.com

Exhortación a los perezosos

6Mira la hormiga, perezoso;
fíjate en lo que hace y aprende la lección:
7aunque no tiene quien mande sobre ella
ni quien le diga lo que debe hacer,
8asegura su comida en el verano,
la almacena durante la cosecha.

La Biblia Ecuménica. Edelvives

ACTIVIDADES

1 ¿Cómo reflejan las distintas culturas el uso de diferentes imágenes para transmitir la misma enseñanza? Copia en tu cuaderno los siguientes refranes chinos y relaciónalos con los correspondientes en español. Después, indica qué semejanzas y diferencias encuentras en las imágenes de unos y otros y cuál es su significado real.

REFRÁN CHINO	REFRÁN ESPAÑOL
Matar dos águilas con una sola flecha.	Estar sobre ascuas.
Como hormigas en la sartén al fuego.	Al mejor galgo se le escapa una liebre.
Quien se acerca al bermellón enrojece, quien se acerca a la tinta ennegrece.	Escapar del trueno y dar en el relámpago.
Escapar del lago del dragón y caer la guarida del tigre.	Dime con quién andas y te diré quién eres.
Hay momentos en que hasta el tigre dormita.	Matar dos pájaros de un tiro.

www.chino-china.com

2 Explica el sentido de los siguientes textos del libro *Proverbios y cantares* de Antonio Machado.

Moneda que está en la mano,
quizá se deba guardar;
la monedita del alma
se pierde si no se da.

Despacito y buena letra:
el hacer las cosas bien
importa más que el hacerlas.

Nuestras horas son minutos
cuando esperamos saber,
y siglos cuando sabemos
lo que se puede aprender.

3 Los refranes han transmitido en muchas ocasiones estereotipos sobre clases sociales o grupos de edad y género. Compara estas sentencias y explica qué estereotipo representan.

- Español: La mujer y el horno por la boca se calientan.
- Chino: La lengua de las mujeres es una espada que no se oxida nunca.
- Español: Amor de madre: que todo lo demás es aire.
- Árabe: El paraíso está en el regazo de una madre.

4 Completa los siguientes refranes del refranero español. ¿En qué situación se pueden aplicar? Pon ejemplos en los que servirían para aconsejarnos.

a. Tanto va el cántaro a la fuente ..①....

b. No por mucho madrugar ..②....

c. A mal tiempo ..③....

d. A quien madruga ..④....

5 Lee estas enseñanzas y explica cuál de ellas es un proverbio y cuál es un refrán. Argumenta el porqué.

17 Aunque no vale la pena tender una trampa
si los pájaros pueden verla,
18 esos hombres se tienden la trampa a sí mismos
y ponen su vida en peligro.
19 Tal es el final de los ambiciosos:
su propia ambición los mata.

La Biblia Ecuménica. Edelvives

Unos crían la fama, y otros cardan la lana.

Contra el vicio de pedir, la virtud de no dar.

6 ✱ Copia en tu cuaderno las siguientes frases y coloca las comas y puntos y comas donde corresponda.

a. Estás ya preparado para saber la verdad vamos corre vuelve pronto.

b. Por favor continúa te atiendo.

c. Este curso hemos estudiado las leyendas los cuentos las novelas etc.

7 Las plataformas como Twitter admiten un número limitado de caracteres. Esto hace que abunden frases ingeniosas que intentan transmitir una idea de forma condensada en un solo tuit:

Solo quien ha comido ajo puede darnos una palabra de aliento.

¿Cuál de estos dos refranes es el contrario al tuit anterior?

a. El que se pica, ajos come.

b. No se escarmienta en cabeza ajena.

c. Quien buen ajo planta, buen ajo arranca.

01.2 La narrativa

La **narrativa didáctica** es aquella en la que se cuenta una historia que sirve de ejemplo a seguir o, por el contrario, nos indica qué conductas hay que evitar.

El ejemplo, el apólogo, la parábola y la fábula

Los **ejemplos** y **apólogos** son **breves *historias ficticias*** que pretenden servir de ejemplo moral.

El mismo sentido tiene la palabra ***parábola***. Su significado original es 'semejanza, comparación' y por ello se entiende que en una parábola hay una historia que nos recuerda a otra y, por tanto, sirve para enseñar.

Las **parábolas** datan de la **Antigüedad clásica** y son muy conocidas aquellas en que Platón muestra su pensamiento; o las del *Nuevo Testamento,* que recoge las enseñanzas del cristianismo.

Era frecuente, pues, que las enseñanzas de materias complicadas se transmitieran mediante historias cotidianas.

> **Lucas 15**
>
> [3]Entonces Jesús les contó esta parábola: [4]«¿Quién de vosotros, si tiene cien ovejas y pierde una de ellas, no deja las noventa y nueve en el campo y va en busca de la oveja perdida, hasta encontrarla? [5]Y cuando la encuentra la pone contento sobre sus hombros, [6]y al llegar a casa junta a sus amigos y vecinos y les dice: "¡Felicitadme, porque ya he encontrado la oveja que se había perdido!". [7]Os digo que hay también más alegría en el cielo por un pecador que se convierte, que por noventa y nueve justos que no necesitan convertirse.»
>
> *La Biblia Ecuménica*
> Edelvives

De igual modo, en la **Edad Media**, era habitual recoger cuentos con enseñanza para la educación de jóvenes de la nobleza, del mismo modo que se recogían proverbios y sentencias. Un ejemplo de ello es el famoso libro de cuentos de don Juan Manuel, en el que el Patronio daba consejos al conde Lucanor a través de **apólogos,** llamado *Libro de los ejemplos del conde Lucanor y de Patronio.*

Por otro lado, **la fábula,** aunque frecuentemente se usa como término equivalente a apólogo, ejemplo y parábola, se diferencia de ellos en que aquella suele incluir personajes que son animales y también en ocasiones adquiere forma de verso. La fábula existe, asimismo, **desde la Antigüedad,** pero se retoma **especialmente en el siglo XVIII,** dado que en esta época la literatura se concibe especialmente como un medio para enseñar.

Entra en el canal YouTube y busca «La vida de Pi-Tráiler español», publicado por 20th Century FOX España.

- ¿A qué tipo de narrativa didáctica crees que pertenece?, ¿por qué?
- ¿Qué animales has reconocido?
- ¿Qué crees que representa el tigre de Bengala?

El relato de viaje

Para hacer que el lector reflexione sobre su propia realidad, un recurso muy utilizado es el de contrastarla bien con lugares extraordinarios inventados, o bien en lugares lejanos, en el espacio o en el tiempo.

En el siglo XVIII fueron frecuentes los **relatos de viajes**, que servían para enseñar a reflexionar sobre la propia realidad, como la famosa novela de Jonathan Swift, *Los viajes de Gulliver.*

01.3 El ensayo

El **ensayo** es un escrito en prosa en el que un autor expone un tema y transmite su visión sobre él. Se considera un género literario.

Es frecuente que el ensayo se centre en una crítica sobre la realidad que lo rodea y en algunos casos se redacta en forma de carta. De ahí nace el **ensayo epistolar.** Un ejemplo muy conocido son *Cartas marruecas,* donde el autor, José de Cadalso, se sirve de un personaje extranjero (el marroquí Gazel) con el fin de que su visión parezca más objetiva cuando muestra las costumbres sobre las que quiere que el lector reflexione. Así, Cadalso simula ser un viajero que observa la sociedad española.

Carta VI. De Gazel a Ben-Beley

El atraso de las ciencias en España en este siglo, ¿quién puede dudar que procede de la falta de protección que hallan sus profesores? Hay cochero en Madrid que gana trescientos pesos duros, y cocinero que funda mayorazgo; pero no hay quien no sepa que se ha de morir de hambre como se entregue a las ciencias [...].

José de Cadalso: *Cartas marruecas.* Espasa Calpe

01.4 La prensa y la literatura

El periodismo es un ámbito en el que los autores pueden narrar, informar y dar su opinión sobre algunas cuestiones, como situaciones de la vida cotidiana, acerca de las cuales se pretende que el lector se forme un juicio. En el siglo XIX, fueron famosos en España los **artículos periodísticos** de Mariano José de Larra, en los que denuncia algunos defectos de la sociedad de su época.

Don Timoteo o el literato

Fuime, pues, con mis manuscritos debajo del brazo (circunstancia que no le importará gran cosa al lector) deseoso de ver a un literato, y me pareció deber salir para esto de la atmósfera inferior donde pululan los poetas noveles y lampiños, y dirigirme a uno de esos literatazos abrumados de años y de laureles.

Acerté a dar con uno de los que tienen más sentada su reputación. Por supuesto que tuve que hacer una antesala digna de un pretendiente, porque una de las cosas que mejor se saben hacer aquí es esto de antesalas. Por fin tuve el placer de ser introducido en el oscuro santuario.

Cualquiera me hubiera hecho sentar; pero don Timoteo me recibió en pie, atendida sin duda la diferencia que hay entre el literato y el hombre. Figúrense ustedes un ser enteramente parecido a una persona; algo más encorvado hacia el suelo que el género humano, merced sin duda al hábito de vivir inclinado sobre el bufete; mitad sillón, mitad hombre; entrecejo arrugado; la voz más hueca y campanuda que la de las personas.

Mariano José de Larra: www.cervantesvirtual.com

ACTIVIDADES

1 Indica por qué este cuento sirve de ejemplo para el conde señalando a qué aspectos de la vida real se corresponden los que aparecen en la historia.

Luego, divídelo en partes: presentación del problema, respuesta de Patronio, ejemplo, explicación del ejemplo, enseñanza en verso.

Lo que ocurrió a un hombre que por pobreza y falta de otro alimento comía altramuces

Otro día hablaba el conde Lucanor con Patronio de este modo:

—Patronio, bien sé que Dios me ha dado tantos bienes y mercedes que yo no puedo agradecérselos como debiera, y sé también que mis propiedades son ricas y extensas; pero a veces me siento tan acosado por la pobreza que me da igual la muerte que la vida. Os pido que me deis algún consejo para evitar esta congoja.

—Señor conde Lucanor —dijo Patronio—, para que encontréis consuelo cuando eso os ocurra, os convendría saber lo que les ocurrió a dos hombres que fueron muy ricos.

El conde le pidió que le contase lo que les había sucedido.

—Señor conde Lucanor —dijo Patronio—, uno de estos hombres llegó a tal extremo de pobreza que no tenía absolutamente nada que comer. Después de mucho esforzarse para encontrar algo con que alimentarse, no halló sino una escudilla llena de altramuces. Al acordarse de cuán rico había sido y verse ahora hambriento, con una escudilla de altramuces como única comida, pues sabéis que son tan amargos y tienen tan mal sabor, se puso a llorar amargamente; pero, como tenía mucha hambre, empezó a comérselos y, mientras los comía, seguía llorando y las pieles las echaba tras de sí. Estando él con este pesar y con esta pena, notó que a sus espaldas caminaba otro hombre y, al volver la cabeza, vio que el hombre que le seguía estaba comiendo las pieles de los altramuces que él había tirado al suelo. Se trataba del otro hombre de quien os dije que también había sido rico.

»Cuando aquello vio el que comía los altramuces, preguntó al otro por qué se comía las pieles que él tiraba. El segundo le contestó que había sido más rico que él, pero ahora era tanta su pobreza y tenía tanta hambre que se alegraba mucho si encontraba, al menos, pieles de altramuces con que alimentarse. Al oír esto, el que comía los altramuces se tuvo por consolado, pues comprendió que había otros más pobres que él, teniendo menos motivos para desesperarse. Con este consuelo, luchó por salir de su pobreza y, ayudado por Dios, salió de ella y otra vez volvió a ser rico.

»Y vos, señor conde Lucanor, debéis saber que, aunque Dios ha hecho el mundo según su voluntad y ha querido que todo esté bien, no ha permitido que nadie lo posea todo. Mas, pues en tantas cosas Dios os ha sido propicio y os ha dado bienes y honra, si alguna vez os falta dinero o estáis en apuros, no os pongáis triste ni os desaniméis, sino pensad que otros más ricos y de mayor dignidad que vos estarán tan apurados que se sentirían felices si pudiesen ayudar a sus vasallos, aunque fuera menos de lo que vos lo hacéis con los vuestros.

Al conde le agradó mucho lo que dijo Patronio, se consoló y, con su esfuerzo y con la ayuda de Dios, salió de aquella penuria en la que se encontraba.

Y viendo don Juan que el cuento era muy bueno, lo mandó poner en este libro e hizo los versos que dicen así:

Por padecer pobreza nunca os desaniméis,
porque otros más pobres un día encontraréis.

Don Juan Manuel: *El conde Lucanor*
Aguaclara, en www.cervantesvirtual.com

2 Lee el siguiente texto y contesta a las preguntas:

Las costumbres de Madrid

Grave y delicada carga es la de un escritor que se propone atacar en sus discursos los ridículos de la sociedad en que vive. Si no está dotado de un genio observador, de una imaginación viva, de una sutil penetración; si no reúne a estas dotes un gracejo natural, estilo fácil, erudición amena, y sobre todo un estudio continuo del mundo y del país en el que vive, en vano se esforzará a interesar a sus lectores; sus cuadros quedarán arrinconados, cual aquellos retratos que, por muy estudiados que estén, alcanzan la ventaja de parecerse al original.

Ramón Mesonero Romanos: *Panorama Matritense.* Guillermo Blázquez Editor

a. ¿A qué se dedica el autor de este texto?

b. Según indica, ¿qué cualidades ha de tener el escritor que desee dedicarse a la crítica de la sociedad que le rodea?

c. ¿A qué tipo de textos de los estudiados en la unidad crees que se corresponde?

3 Si usaras el mismo artificio que emplea José de Cadalso para hacer reflexionar a los lectores sobre los problemas de tu país, es decir, si simularas ser un extranjero que ha venido de visita y que escribe a su familia desde España, ¿qué temas tratarías?

4 Lee el siguiente texto. En él, la protagonista es una joven americana que visita Sevilla por estudios. ¿Crees que se puede extraer alguna enseñanza del fragmento? Si es así, ¿cuál?

Carta I. Nancy descubre Sevilla

Sucedieron cosas inesperadas e inexplicables, al menos para una americana. Encontré por vez primera personas muy poco cooperativas. Al pasar por una callejuela y doblar una esquina para meternos por otra había un zapatero trabajando al aire libre en una mesita pequeña —por lo visto vivía en la casa de al lado—, y al vernos levantó la cabeza y dijo

—Hasta luego, señoritas.

Nosotras seguimos adelante sin saber qué pensar. Poco después, la calle hacía un recodo y vimos que no tenía salida. Cuando volvimos a pasar delante del zapatero, el buen hombre guiñó un ojo sin decir nada. A mí me hizo gracia la ocurrencia, pero Mrs. Dawson estaba indignada por la falta de espíritu cooperativo de aquel hombre. Mrs. Dawson no tiene sentido del humor. Y protesta solo por el gusto de sentirse extranjera y diferente. Ella viaja solo por eso: por saberse extranjera en alguna parte.

Ramón J. Sender: *La tesis de Nancy.* Magisterio Español

ESCRIBIR

La fábula pictórica

Las dos cabras, de Guerrit Greve.

Tu turno

1 Observa la obra realizada por Guerrit Greve de la fábula de *Las dos cabras*. Descubre la historia que se esconde tras estas pinceladas coloristas contestando a las siguientes preguntas:

a. ¿Reconoces en la pintura alguna de las fábulas que conoces? Si no es así, investiga cuál es su argumento a partir de los personajes que aparecen en el cuadro.

b. ¿Crees que los colores empleados por el pintor intentan decirnos algo acerca del escenario o de la situación vivida en la fábula?

c. ¿Qué sensaciones te transmiten las imágenes?

2 Recrea la obra realizada por Gerrit Greve. Escribe una fábula según lo que te sugieran sus colores, sus formas y sus personajes. Sigue estas indicaciones:

Elección de los personajes y de la moraleja

En primer lugar, añade uno o dos personajes más a los protagonistas de tu fábula y asígnales un papel en la historia; después, plantea una moraleja. Esta guiará el desarrollo del texto, la forma de actuar de sus personajes y las situaciones inventadas. Para que tu moraleja tenga un sentido en la actualidad, identifícala de forma paralela con una situación real.

Estructura

Estructura tu fábula en las siguientes secciones:

a. Presentación de los personajes y situación inicial.

b. Desarrollo de la historia.

c. Moraleja.

Estilo

Emplea un estilo en prosa, similar al utilizado por Esopo en su fábula *El león y la liebre*, e incluye un diálogo entre los personajes.

Título

Indica un título para la fábula. Sigue el modelo de las fábulas de Esopo y Samaniego, incluyendo en él los personajes de tu historia.

Revisión

Revisa finalmente la fábula creada: sentido didáctico, estructura, estilo y ortografía.

La fábula musical

ANIMACIÓN A LA ESCRITURA

El carnaval de los animales es una obra del compositor francés Saint-Säens cuyas partes están casi todas protagonizadas por animales («Introducción y marcha real del león»; «Gallinas y gallos»; «Asnos salvajes»; «Tortugas»; «El elefante»; «Canguros»; «Acuario»; «Personajes con largas orejas»; «El cucú en el fondo del bosque»; «Aviario»; «Pianistas»; «Fósiles»; «El cisne»; «Final»).

1. Accede a YouTube y busca «Flamingos from Fantasia 2000 (HD)–Carnival of the Animals», publicado por Nantsingonyama. Observa la recreación realizada por Disney en *Fantasía 2000* de «Final» de *El carnaval de los animales* y contesta:

a. ¿Qué animales son los protagonistas?

b. Crea una enseñanza o moraleja a partir de las imágenes de la historia visual.

c. ¿Qué aporta la música a las imágenes o a la historia? Traduce por medio de palabras el clima o la atmósfera musical generados.

Las fábulas nos sirven para aprender enseñanzas de la vida. Si quieres conocer más, descúbrelas en *Un panal de rica miel,* de Félix María Samaniego, de la editorial Edelvives.

Tu turno

1 A partir de los personajes de la obra de Saint-Säens, realizad en grupo una puesta en escena similar a la ideada por Disney, con una moraleja final añadida.

a. Formad grupos de cuatro o cinco alumnos y escoged los animales de una de las piezas musicales como protagonistas de vuestra fábula representada.

b. Escribid el guion según las sensaciones y la atmósfera que os sugieran esos animales. En él debéis narrar la historia que viven vuestros personajes en función del carácter expresivo de la música. No olvidéis el aspecto moral ni la enseñanza que se debe aprender. Incluid un título. Podéis reutilizar y reconvertir de forma creativa el título de Saint-Säens, otorgando una nueva vida a un posible «Carnaval de los cisnes», «Canguros, elefantes y disfraces de carnaval»...

c. Realizad unas caretas inspiradas en la técnica del color de Greve: el color transmite un tipo de información que os permitirá caracterizar cada uno de los personajes.

d. Representad finalmente la historia ideada. Los alumnos que no actúen, grabarán la representación y reproducirán la pieza musical de *El carnaval de los animales* correspondiente.

EVALUACIÓN

Valorad de 1 a 5 la creación y puesta en escena de vuestra fábula musical con los siguientes criterios. Después, comprobad si coincide con la valoración que hacen de vosotros los compañeros.

- Originalidad en el desarrollo del argumento a través de los personajes escogidos.
- Enseñanza vinculada a una lectura o interpretación actual y real.
- Caracterización de los protagonistas a través de las caretas.
- Coordinación de la música con la dramatización.
- Adecuación de lo expresado finalmente en la puesta en escena con la historia y la enseñanza ideada en un inicio.

EVALUACIÓN

El pastor y el lobo

Acompañaba un lobo a un rebaño de ovejas, pero sin hacerles daño. Al principio el pastor lo observaba y tenía cuidado de él como un enemigo. Pero como el lobo lo seguía y en ningún momento intentó robo alguno, llegó a pensar el pastor que más bien tenía un guardián de aliado.

Cierto día, teniendo el pastor necesidad de ir al pueblo, dejó sus ovejas confiadamente junto al lobo y se marchó.

El lobo, al ver llegado el momento oportuno, se lanzó sobre el rebaño y lo devoró casi todo.

Cuando regresó el pastor y vio lo sucedido, exclamó:

—Bien merecido lo tengo, porque ¿de dónde saqué confiar las ovejas a un lobo?

No dejes tus valores al alcance de los codiciosos,
aunque aparenten inocencia.

ESOPO: *Fábulas*. Gredos

1 Haz una lectura del texto en voz alta con la entonación adecuada, incluyendo los sonidos que creas que deben acompañar a las palabras.

2 Busca en el texto la respuesta a las siguientes cuestiones:

a. ¿Qué pensaba el pastor del lobo al principio?

b. ¿Para qué se marchó a la ciudad?

c. ¿Cuándo devoró el lobo al rebaño?

3 Localiza en el texto la enseñanza que contiene y aplícala a una situación cotidiana.

4 Puede extraerse de ella otra enseñanza relativa a la condición de las personas. ¿Cuál es? Intenta escribirla en forma de verso.

5 Recoge tres refranes que se refieran a la amistad o la confianza entre las personas.

6 Explica el significado de *aliado* y *oportuno*.

7 Contesta a la pregunta del pastor: ¿por qué crees que confió las ovejas a un lobo?

8 El texto no tiene diálogo, pero puedes imaginarlo, ya que en las fábulas los animales suelen conversar. Reescribe la fábula incluyendo el diálogo entre el pastor y el lobo.

9 Imitando los cuentos de don Juan Manuel, escribe una situación en la que Patronio pudiese usar este cuento para aconsejar al conde Lucanor.

10 ¿Qué historia, usando animales como protagonistas, podría emplearse para transmitir la enseñanza «la amistad se prueba en las dificultades»? Redáctala de forma breve.

11 Como todo texto narrativo, este presenta una sucesión de acciones. Enumera cuáles son.

EVALUACIÓN

1 Copia y completa en tu cuaderno este mapa sobre los tipos de literatura didáctica.

- Literatura didáctica
  - Sentencias
    - .....
    - .....
  - Narrativa didáctica
    - Breve
      - .....
      - Fábula
      - .....
      - .....
    - Extensa
      - .....
      - .....
  - Ensayo
  - Prensa y literatura

2 Define con tus propias palabras qué es una moraleja. ¿Qué diferencia hay entre moraleja y refrán?

3 Inventa un cuento que sirva para ilustrar la enseñanza encerrada en estos refranes: «De tal palo, tal astilla», «No por mucho madrugar, amanece más temprano».

4 De todos los tipos de texto que se han visto en la unidad, hay dos que pueden adoptar forma de poesía. ¿Cuáles son?

5 Lee el texto siguiente e indica a cuál de los tipos que has estudiado en esta unidad puede corresponder.

Gazel a Ben-Beley

[...] Desde la primera vez que desembarqué en Europa, no he observado cosa que me haya sorprendido como la que voy a participar en esta carta. Todos los sucesos políticos de esta parte del mundo, por extraordinarios que sean, me parecen más fáciles de explicar que la frecuencia de pleitos entre parientes cercanos, y aun entre hijos y padres. Ni el descubrimiento de las Indias orientales y occidentales, ni la incorporación de las coronas de Castilla y Aragón, ni la formación de la República holandesa, ni la constitución mixta de la Gran Bretaña, ni la desgracia de la Casa Stuart, ni el establecimiento de la de Braganza, ni la cultura de Rusia, ni suceso alguno de esta calidad, me sorprende tanto como ver pleitear padres con hijos. ¿En qué puede fundarse un hijo para demandar en justicia contra su padre? ¿O en qué puede fundarse un padre para negar alimentos a su hijo? Es cosa que no entiendo. Se han empeñado los sabios de este país en explicarlo, y mi entendimiento en resistir a la explicación, pues se invierten todas las ideas que tengo de amor paterno y amor filial.

www.cervantesvirtual.com

6 Haz una lista con todas las fábulas y cuentos con enseñanza que recuerdes. A continuación, intenta recordar algún refrán que transmita la misma enseñanza.

7 Vuelve a leer el final de la fábula de Samaniego. Da un giro a la historia y modifica su moraleja o enseñanza última. Atrévete y continúa en verso la historia; emplea un verso corto. Si te resulta más sencillo, puedes utilizar la técnica de reemplazar únicamente algunas de las palabras, respetando su estructura o forma, aunque variando el resultado de la trama.

Llegó una carreta
a este tiempo mismo,
y a la triste rana
tortilla la hizo.

Por hombres de seso
muchos hay tenidos,
que a nuevas razones
cierran los oídos.
Recibir consejos
es un desvarío;
la rancia costumbre
suele ser su libro.

Félix María Samaniego
Un panal de rica miel. Edelvives

8 Reflexiona: ¿es mejor enseñar mediante una historia o transmitir la enseñanza en forma de consejos? ¿Por qué lo crees?

DIARIO DE APRENDIZAJE

Una vez estudiada la unidad, ¿con qué imágenes ilustraría yo la presentación?

Flippeando el hip hop y la poesía

TRABAJO COOPERATIVO

EN CASA

A continuación te presentamos una serie de tareas que deberás resolver en casa para después completar las actividades que realizaremos todos juntos en clase. Presta atención y anota todas las dudas que te surjan.

1 Lectura de artículos

Te proponemos la lectura de los siguientes artículos sobre hip hop y poesía. Además de estos, puedes investigar en internet y profundizar en este contenido tomando notas sobre todo lo que encuentres y te resulte interesante.

- http://issuu.com/trescua/docs/tres_cua_6_final/4
- www.tierraadentro.conaculta.gob.mx/hip-hop-y-poesia/

2 Visualización de contenidos básicos

Accede en YouTube al vídeo *Cronistas de la realidad (Hip hop y literatura)* en la siguiente dirección: www.educanon.com/social/66078/188385 y anota en tu cuaderno las reflexiones y respuestas que se te van solicitando mientras lo ves.

EN CLASE

Las sesiones de clase están orientadas a practicar los contenidos que has ido aprendido con tu trabajo en casa.

1 Resolución de dudas

Exponed, en los equipos habituales de trabajo o bien en la clase general, las dudas que os han surgido sobre el tema. Intentad resolverlas entre vosotros o bien con ayuda del profesor.

2 Análisis de autores y temas

En grupos, repartíos los autores y las obras y analizad su estructura, rima, temas, etc.

- Nach: *El idioma de los dioses*
- Facto Delafé y las Flores Azules: *Mar el poder del mar*
- Carlos Sadness: *Ciudadanos de un lugar llamado mundo*

3 Evaluación

Cada grupo escribirá su propio texto lírico para una canción de hip hop. Si lo necesitáis, consultad en www.rimador.net para establecer las rimas entre las palabras.

Podéis organizar un festival de canción hip hop para presentar vuestras creaciones a otros compañeros.

PBL. Cuéntame un cuento

TRABAJO COOPERATIVO

El siguiente problema debéis resolverlo en grupo. Después de leerlo, el profesor os indicará con qué recursos contáis para el trabajo y cómo debéis presentar el producto final.

Nos disponemos a celebrar el Día del Libro en nuestro centro y, como todos los años, los alumnos de 1.º ESO, ejercemos de amigos lectores, y realizamos un cuentacuentos con los pequeños de Educación Infantil.

Este año, sin embargo, debemos enfrentarnos a un pequeño contratiempo: la biblioteca está en obras y no es posible acceder a los libros que íbamos a emplear en la actividad. Debemos ayudar a las profesoras de Infantil y contribuir, en la medida de lo posible, a que sus alumnos celebren como se merece esta fecha tan señalada.

Necesitan entretenerse escuchando historias breves, que les resulten divertidas y con las que aprendan o interioricen una enseñanza ¡Seguro que tenemos un montón de relatos interesantes que contarles! No solo lo van a pasar bien los más pequeños; también nosotros podemos disfrutar con la experiencia. ¡Que vuele nuestra imaginación!

Evalúa tu **talento emprendedor**

Te proponemos que realices esta autoevaluación teniendo en cuenta el trabajo que has realizado en el desarrollo de alguna de las propuestas de esta sección o de alguna otra propuesta de trabajo realizada a lo largo de este trimestre. Copia en tu cuaderno la valoración en la que te sitúas para cada uno de los ítems propuestos y justifica tu respuesta.

AUTOEVALUACIÓN

	NIVEL MAESTRO	NIVEL AVANZADO	NIVEL APRENDIZ	NIVEL INICIAL
1. Te gusta estar con gente y compartir ideas, puntos de vista, aprender de otros…	La actividad por equipos me ha resultado muy gratificante y he aprendido mucho de mis compañeros.	Ha sido una buena actividad en equipo, aunque podría haber sido mejor si me hubiera tocado otro equipo.	En mi equipo hemos tenido dificultades para hacer un buen trabajo, en parte por mi actitud personal, que ha sido un poco cómoda.	La verdad es que no me apetecía mucho esta actividad en equipo y apenas he colaborado con los demás.
2. Disfrutas observando y conociendo diversas creaciones culturales y expresando tu talento en distintos formatos.	Me ha gustado mucho tener la oportunidad de hacer mi propia creación y siento que tengo cierto talento artístico y creativo.	Me ha gustado la oportunidad de crear algo y he tenido alguna inspiración interesante.	Me ha parecido una actividad más, con alguna aportación interesante para mi propio desarrollo.	En general, no me gustan este tipo de actividades porque no me siento cómodo inventando o creando cosas.
3. Aprovechas diferentes situaciones y te involucras en ellas para aprender y entrenar tu capacidad comunicativa.	He aprovechado todas aquellas situaciones que se me han presentado para involucrarme y mejorar mi capacidad comunicativa.	He aprovechado y me he involucrado en algunas situaciones que podían ayudarme a mejorar mi capacidad comunicativa.	He dejado pasar algunas ocasiones que me podrían haber ayudado a mejorar mi capacidad comunicativa.	He desaprovechado las ocasiones que se me han presentado para mejorar mi capacidad comunicativa.

Amanda y la duquesa

Un cruce de caminos en los jardines del castillo, un banco circular alrededor de un pequeño obelisco... cae la tarde.

AMANDA.— Todavía no lo entiendo. ¿Qué puedo yo hacer por él, señora? No puedo creer que haya pensado que yo... y ¿por qué yo? No soy especialmente bella. E incluso si alguien lo fuera, ¿quién podría interponerse de pronto entre él y sus recuerdos?

LA DUQUESA.—Nadie excepto tú.

AMANDA.— *(Sinceramente sorprendida)* ¿Yo?

LA DUQUESA.— El mundo está tan loco hija mía. Sólo ve desfiles, gestos, insignias oficiales... debe ser por lo que nunca te lo habían dicho. Pero mi corazón no me engaña, casi lloro en Réséda Soeurs la primera vez que te vi. Para cualquiera que conociera a Leocadia más allá de su imagen pública, tú eres su vivo retrato.

Un silencio. Los cantos de los pájaros nocturnos han tomado ya el relevo de los de la tarde. Los patios se han llenado de sombras y gorjeos.

AMANDA.— *(Muy amablemente)* Aún así, realmente creo que no puedo, señora. No tengo nada, no soy nadie, aunque esos enamorados... era mi sueño, ¿verdad?

Se levanta. Como si se fuese, ha cogido una pequeña maleta.

LA DUQUESA.— *(También amablemente y muy cansada)* Claro, querida. Discúlpame.

Ella también se levanta con dificultad, como una anciana. Se oye el timbre de una bicicleta en el aire de la noche; se sobresalta.

¡Escucha...es él! Simplemente deja que te vea, apoyada en este pequeño obelisco en el que la conoció por primera vez. Deja que te vea, aunque sólo sea una vez, déjale que te hable, que se interese de repente por tu parecido, en esta estratagema que le confesaré mañana y por la que me odiará; cualquier cosa antes que esta mujer muerta que me lo arrebatará uno de estos días, estoy segura... *(la coge por el brazo).* Lo harás, ¿verdad? Te lo suplico humildemente, señorita. *(La mira implorándole y añade enseguida)* Y además, así podrás verle tú también. Y... siento cómo me ruborizo de nuevo al decirte esto. ¡La vida es tan loca! Ésta sería la tercera vez en sesenta años y la segunda en diez minutos que me he ruborizado -le verás y si él pudiera –¿por qué no él, si es guapo, encantador y no sería el primero?-, si pudiera tener la fortuna, que sería la mía también, de ser tu sueño, sólo por un momento...

El timbre suena otra vez en las sombras, pero muy cerca esta vez.

AMANDA.— *(En un susurro)* ¿Qué debo decirle?

LA DUQUESA.— *(Agarrándola con fuerza del brazo)* Di simplemente: «Perdone señor, ¿puede decirme por dónde se va al mar?»

Se apresura a esconderse entre las sombras de los árboles, justo a tiempo. Aparece una pálida mancha borrosa. Es el Príncipe en su bicicleta. Pasa muy cerca de la también borrosa mancha de Amanda junto al obelisco. Ella murmura.

AMANDA.— Perdone, señor...

Él se para, se baja de la bicicleta, se quita el sombrero y la mira.

EL PRÍNCIPE.— ¿Sí, señorita?

AMANDA.— ¿Puede decirme por dónde se va al mar?

EL PRÍNCIPE.— Por la segunda calle a su izquierda, señorita.

Saluda triste y cortésmente, se vuelve a montar en la bicicleta y se aleja. El timbre vuelve a oírse en la distancia. La Duquesa sale de las sombras con aspecto de aún más anciana.

AMANDA.— *(Suavemente, después de un tiempo)* No me ha reconocido...

LA DUQUESA.— Está oscuro... Y además, ¿quién sabe qué rostro le atribuye él a ella ahora en sus sueños? *(Pregunta tímidamente)* El último tren se ha ido, joven. De todas formas, ¿no te gustaría quedarte en el castillo esta noche?

AMANDA.— *(Con voz extraña)* Sí, señora.

Es completamente de noche. Ya no se las puede ver en las sombras, y sólo se oye el viento entre los enormes árboles de los jardines.

CAE EL TELÓN.

Jean ANOUILH, *Leocadia*

fuente: INEE

PREGUNTAS

1 ¿De qué trata este pasaje de la obra de teatro? La Duquesa plantea una treta:

a. Para hacer que el Príncipe vaya a verla más a menudo.

b. Para hacer al Príncipe tomar finalmente la decisión de casarse.

c. Para hacer que Amanda logre que el Príncipe olvide su dolor.

d. Para hacer que Amanda se vaya a vivir al castillo con ella.

2 En el guion de la obra de teatro, además de las palabras que deben decir los actores, se dan indicaciones para los actores y para los técnicos del teatro. ¿Cómo pueden reconocerse estas explicaciones?

3 A continuación hay una lista de los técnicos necesarios para la puesta en escena de este pasaje de *Leocadia*. Completa la siguiente tabla copiando una acotación del fragmento que implique una instrucción para la escena que requiera la intervención de cada uno de los técnicos. La primera está hecha como ejemplo.

TÉCNICO DE TEATRO	INSTRUCCIÓN PARA LA ESCENA
Diseñador de decorados	Un banco circular alrededor de un pequeño obelisco.
Encargado de atrezzo	
Técnico de sonido	
Técnico de iluminación	

4 Hacia el final del pasaje de la obra, Amanda dice: «No me ha reconocido…», ¿qué quiere decir con esto?

a. Que el Príncipe no ha mirado a Amanda.

b. Que el Príncipe no se ha dado cuenta de que Amanda era una dependienta de una tienda.

c. Que el Príncipe no se ha dado cuenta de que ya conocía de antes a Amanda.

d. Que el Príncipe no se ha dado cuenta de que Amanda se parece a Leocadia.

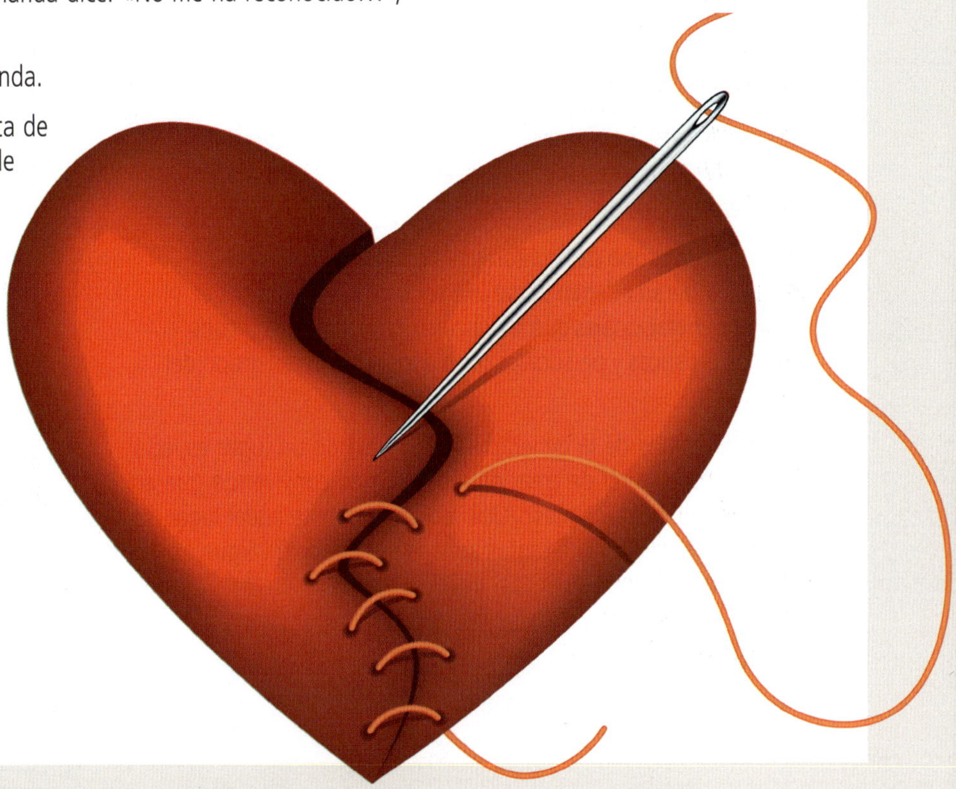

ANIMACIÓN A LA LECTURA

Huerto del Limonar

Generación del 27

En 1927 un importante grupo de escritores españoles se reunió en el Ateneo de Sevilla para conmemorar el tercer centenario de la muerte de Góngora. Eran un grupo de jóvenes autores y amigos que sobre todo cultivaban la poesía y que se ha denominado generación del 27.

Todos ellos se vieron influidos por la lírica tradicional española, aunque también se abrieron a las manifestaciones vanguardistas de principios del siglo XX. En cuanto a las formas tradicionales españolas, los autores que mejor representan la lírica popular son Lorca y Alberti; la influencia de la vertiente clásica o culta de la poesía española se advierte en casi todos: Rafael Alberti, Gerardo Diego, Luis Cernuda, García Lorca, así como en Pedro Salinas, Jorge Guillén o Dámaso Alonso. En cuanto a las vanguardias que más influyeron en los autores del 27, han de destacarse el creacionismo, el ultraísmo y el surrealismo, presentes sobre todo en la obra de Gerardo Diego, Luis Cernuda, Vicente Aleixandre y Federico García Lorca.

CONTEXTUALIZACIÓN Y REFERENTES

1 Ya sabes que en 1927 un relevante grupo de jóvenes poetas se reunió en el Ateneo de Sevilla para conmemorar el tercer centenario de la muerte del poeta y dramaturgo Luis de Góngora. ¿Quiénes formaron parte de la que hoy conocemos como generación del 27?

2 Recuerda que, a principios del siglo XX, las vanguardias rompieron con la estética y los principios creativos de movimientos artísticos anteriores. ¿Qué vanguardias literarias conoces? ¿Qué proponen? ¿Cuáles fueron las que más influyeron en los poetas del 27?

3 Para que un grupo de escritores sea considerado una generación literaria deben darse una serie de circunstancias y rasgos generacionales que les vinculen. Investiga qué circunstancias artísticas y personales unen a los autores del grupo del 27.

4 Para los poetas de la generación del 27 existió un lugar especial, un espacio cultural de creación artística y de convivencia que era la Residencia de Estudiantes. ¿Qué era exactamente aquel lugar donde se conocieron y dieron cita tantos artistas de la época? ¿Sigue existiendo en la actualidad? ¿Dónde se encuentra?

5 Tras la guerra civil, la generación del 27 se desintegra. Investiga qué poetas se vieron obligados a exiliarse fuera de España y qué motivos principales les llevaron a abandonaron su patria.

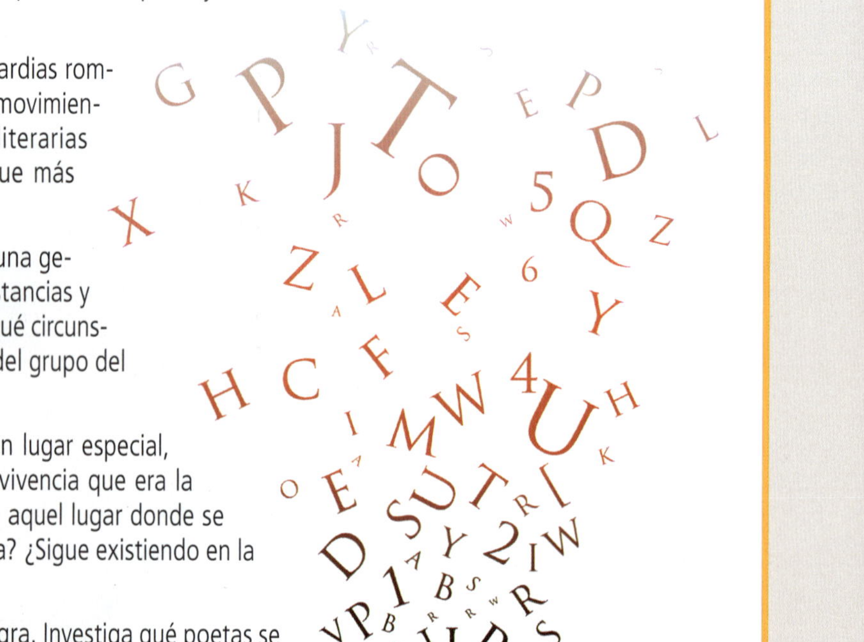

Un panal de rica miel

Félix María de Samaniego

Nació en 1745 en Laguardia (Álava). Convencido de que la reforma del país pasaba por la educación, compuso sus *Fábulas morales* (1784) para contribuir a la formación de los alumnos del Real Seminario Vascongado. Después de representar a Álava en la corte madrileña (1783), regresó a Bilbao para gestionar su hacienda y, finalmente, se retiró a Laguardia, donde murió en 1801.

Como buen ilustrado que fue, dio gran importancia a la educación, mediante la cual adquirir conocimiento, única vía para alcanzar la libertad y la felicidad. Por ello la Ilustración subordinó la creación literaria a este objetivo didáctico, del que la obra de Samaniego es buen ejemplo; en sus textos aparecen temas de gran relevancia en la época en la que vivió: el abuso de poder, la vida en sociedad, el desarrollo de un pensamiento crítico, etc.

CONTEXTUALIZACIÓN Y REFERENTES

1 Samaniego mantuvo una dura polémica a lo largo de su vida con otro escritor, Tomás de Iriarte. Busca información sobre esta cuestión y explica las razones de la disputa.

2 En España, las ideas ilustradas comienzan a aplicarse ya entrado el siglo XVIII. Indica algunas reformas llevadas a cabo por los ilustrados españoles.

3 Los escritores ilustrados pensaban que la literatura debía ser útil a la sociedad. Indica en qué residía la utilidad de, al menos, una obra de José Cadalso y de Leandro Fernández de Moratín.

4 La fábula es un género cultivado desde los inicios de la literatura. Busca información sobre quiénes fueron los más importantes fabulistas en época clásica y qué pretendieron con sus obras.

5 *El libro de la selva,* de Rudyard Kipling, o *Platero y yo,* de Juan Ramón Jiménez, son obras en las que los animales tienen gran protagonismo. ¿Crees que podrían considerarse fábulas? ¿Por qué?

TIPOS DE ESTROFAS

De dos versos

Pareado
Arte mayor o menor
Rima asonante o consonante

La primavera ha venido;	8a
nadie sabe cómo ha sido.	8a

De tres versos

Terceto
Arte mayor
Rima consonante

No he de callar, por más que con el dedo	11A
ya tocando la boca, ya la frente,	11-
silencio avises o amenaces miedo.	11A

De cuatro versos

Redondilla
Arte menor
Rima consonante

La tarde más se oscurece;	8a
y el camino que serpea	8b
y débilmente blanquea	8b
se enturbia y desaparece.	8a

Cuarteta
Arte menor
Rima consonante

Mi cantar vuelve a plañir:	8a
«Aguda espina dorada,	8b
quién te pudiera sentir	8a
en el corazón clavada».	8b

Copla
Arte menor
Rima asonante

El río Guadalquivir	8-
va entre naranjos y olivos.	8a
Los dos ríos de Granada	8-
bajan de la nieve al trigo.	8a

Serventesio
Arte mayor
Rima consonante

Yo soy aquel que ayer no más decía	11A
el verso azul y la canción profana,	11B
en cuya noche un ruiseñor había	11A
que era alondra de luz por la mañana	11B

Cuarteto
Arte mayor
Rima consonante

En tanto que de rosa y azucena	11A
se muestra la color en vuestro gesto,	11B
y que vuestro mirar ardiente, honesto,	11B
enciende al corazón y lo refrena;	11A

Cuaderna vía
Arte mayor
Rima consonante

Tenían en él sus padres un hijo muy señero,	14A
que cuando ellos muriesen, sería su heredero;	14A
buena heredad dejaban de fincas y dinero;	14A
Sería un buen partido, asaz codiciadero.	14A

De cinco versos

Quintilla
Arte menor
Rima consonante

Hojas del árbol caídas	8a
juguetes del viento son;	7+1b
las ilusiones perdidas,	8a
¡ay!, son hojas desprendidas	8a
del árbol del corazón.	7+1b

Lira
Arte menor y mayor
Rima consonante

Si de mi baja lira	7a
tanto pudiese el son, que en un momento	11B
aplacase la ira	7a
del animoso viento,	7b
y la furia del mar y el movimiento.	11B

De ocho versos — **Octava real**

Arte mayor

Rima consonante

Cerca del Tajo, en soledad amena,	11A
de verdes sauces hay una espesura,	11B
toda de hiedra revestida y llena,	11A
que por el tronco va hasta el altura,	11B
y así la teje arriba y encadena,	11A
que el sol no halla paso a la verdura;	11B
el agua baña el prado con sonido	11C
alegrando la vista y el oído.	11C

De diez versos — **Décima**

Arte menor

Rima consonante

En soledad. No se siente	8a
el mundo, que un muro sella;	8b
la lámpara abre su huella	8b
sobre el diván indolente.	8a
Acogida está la frente	8a
al regazo del hastío.	8c
¿Qué ausencia, qué desvarío	8c
a la belleza hizo ajena?	8d
Tu juventud nula, en pena	8d
de un blanco papel vacío.	8c

Poema estrófico:

Compuesto por una combinación de estrofas.
Es el caso del soneto:

Estas que fueron pompa y alegría	11A	Cuarteto
despertando al albor de la mañana,	11B	
a la tarde serán lástima vana	11B	
durmiendo en brazos de la noche fría.	11A	
Este matiz que al cielo desafía,	11A	Cuarteto
iris listado de oro, nieve y grana,	11B	
será escarmiento de la vida humana;	11B	
¡tanto se emprende en término de un día!	11A	
A florecer las rosas madrugaron,	11C	Terceto
y para envejecerse florecieron;	11D	
cuna y sepulcro en un botón hallaron.	11C	
Así los hombres sus fortunas vieron;	11D	Terceto
en un día nacieron y expiraron;	11C	
que pasados los siglos horas fueron.	11D	

Poema no estrófico:

Compuesto por una serie de versos no organizados en estrofas.
Es el caso del romance:

Marinero que la guía	8-
diciendo viene un cantar	7+1a
que la mar ponía en calma,	8-
los vientos hace amainar;	7+1a
los peces que andan al hondo,	8-
arriba los hace andar,	7+1a
las aves que van volando,	8-
al mástil vienen posar.	7+1a
Allí habló el infante Arnaldos,	8-
bien oiréis lo que dirá:	8a
«Por tu vida el marinero,	8-
dígasme ora ese cantar».	7+1a
Respondióle el marinero,	8-
Tal respuesta le fue a dar:	7+1a
«Yo no digo mi canción	8-
sino a quien conmigo va».	7+1a

FIGURAS LITERARIAS

Nivel fónico

Aliteración

Repetición de uno o varios sonidos similares en uno o varios versos.

*Oye el **s**órdido **s**on de la re**s**aca,*
infame turba de nocturnas aves.

Onomatopeya

Utilización de palabras que tratan de imitar el sonido de algo.

—¡Grua!, ¡grua!, ¡grua!
En la poza había un cerdito.

Paranomasia

Uso de palabras próximas y con sonidos parecidos, pero con un significado diferente.

*Se calzan de **espumas** por **espuelas.***

Epanadiplosis

Repetición de una palabra al inicio y al final del mismo verso.

Verde** que te quiero **verde.

Nivel morfosintáctico

Hipérbaton

Inversión del orden gramatical habitual de las palabras.

Volverán las oscuras golondrinas
en tu balcón sus nidos a colgar.

Anáfora

Repetición de palabras o grupos de palabras al comienzo de uno o varios versos seguidos.

***Salid** fuera sin duelo*
***salid** sin duelo, lágrimas corriendo.*

Asíndeton

Enumeración de elementos sin uso de conjunciones.

Desmayarse, atreverse, estar furioso
áspero, tierno, liberal, esquivo,
alentado, mortal, difunto, vivo.

Polisíndeton

Repetición que se hace de un nexo.

*Hay un palacio **y** un río **y***
*un lago **y** un puente viejo,*
***y** fuentes con musgo **y** hierba*
*alta **y** silencio... un silencio.*

Enumeración

Secuencia de palabras de la misma categoría gramatical.

*El **puerto,** el **saco,** el **fruto,** en **mar,***
*[en **guerra,***
*en **campo,** al **marinero** y al **soldado***
y al labrador anima y quita el sueño…

Pleonasmo

Uso de palabras que dan expresividad a la frase o verso, pero son innecesarias.

***Temprano; madrugó** la madrugada,*
temprano estás rodando por el suelo.

Nivel semántico

Metáfora

Identificación de un elemento real (A) con otro (B) debido a que guardan cierto parecido. Tres son las formas más usuales de metáfora:

A es B (aparecen el elemento real A y el figurado B)

Tú *(A) eras el* ***huracán*** *(B) y* ***yo*** *(A) la* ***alta torre*** *(B) que desafía su poder.*

B (no aparece el elemento real A)

Cinco ***espadas*** *(B = cinco dedos)*

B de A (si el elemento real A se identifica con B)

El ***fuego*** *(B) de una* ***pasión*** *(A)*

Comparación

Relación de semejanza entre dos términos. Normalmente se utiliza el verbo *parecer* o el adverbio *como.*

Tus ***dientes*** *son como* ***perlas.***

Metonimia

Sustitución de una palabra por otra con la que tiene relación de proximidad.

El cielo tendrá que huir ante el ***tumulto de las ventanas.***

Personificación

Atribución de cualidades humanas a animales u objetos.

Al verla se ha levantado
el viento que nunca duerme.

Hipérbole

Intensificación exagerada de una cantidad o una emoción, hasta el punto de superar lo verosímil.

Érase un hombre a una nariz pegado.

Antítesis

Uso de ideas o expresiones contrarias entre sí.

Es tan ***corto*** *el amor*
y tan ***largo*** *el olvido.*

Paradoja

Unión de ideas contrarias que resultan imposibles o ilógicas.

y tan alta vida espero,
que ***muero*** *porque* ***no muero.***

Sinestesia

Unión de imágenes o sensaciones propias de los cinco sentidos.

En el cénit azul, ***una caricia rosa.***

Símbolo

Representación de un concepto abstracto a través de un elemento material.

Nuestras ***vidas*** *son los* ***ríos***
que van a dar en la ***mar,***
que es el ***morir.***

© kukuxumusu